Yannick LE NAGARD

LES COUPLES SINGULIÈRES

et autres beaux gambettes

*Petit dictionnaire des mots
qui changent de sens
quand ils changent de genre*

Copyright : Yannick Le Nagard

Editeur : BoD – Books on Demand

12/14 rond-point des Champs Elysées, 75008 Paris

Impression : BoD – Books on Demand, Allemagne

ISBN : 978-2-3220-1340-1

Dépôt légal : décembre 2015

Attendre son tour pour visiter la tour Eiffel, hésiter entre prendre le voile et mettre les voiles, nettoyer la vase accumulée au fond d'un vase… Chacun est à même de citer des exemples de noms communs dont le sens change avec le genre. Mais on sait moins qu'on peut se cacher derrière *une* prétexte, admirer *un* rencontre ou *une* couple de *beaux* gambettes, ou même cueillir *une* mille-feuille après avoir pêché *un* ombre avec *sa* trouble. Notre dictionnaire se propose de vous emmener à la découverte de ces mots aux deux visages, l'un féminin, l'autre masculin.

Plutôt qu'un ouvrage de référence, nous avons voulu concocter un guide de vagabondage, d'un mot à un autre, d'un univers à un autre. Nous nous sommes d'abord intéressés aux mots pour eux-mêmes, leur définition, leur histoire, leur place et leurs résonances dans la langue. Nous ne nous sommes interdit aucune parenthèse, aucune digression, nous laissant porter par les interrogations que chacun d'eux nous inspiraient. « Le premier souci de l'homme est de penser à autre chose », écrivait Alexandre Vialatte. Cette maxime a continuellement guidé nos pérégrinations.

Puisque c'est le point commun qui nous a fait les réunir, nous avons aussi voulu examiner ce que révélait et ce qu'impliquait l'appartenance de ces mots aux deux genres. Pour un francophone, il va de soi de classer les noms soit dans le genre féminin, soit dans le genre masculin. De même qu'il y a le monsieur et la madame, un enfant apprend et admet sans rechigner qu'il y a *la* chaise et *le* fauteuil, *la* route et *le* trottoir, qu'au bout d'*un* bras se trouve *une* main et qu'au bout d'*une* jambe se trouve *un* pied. Bien sûr, il tique un peu quand il apprend qu'il y a des chouettes mâles et des hiboux femelles, mais au bout du compte il intègre sans peine que sa langue partage le monde entre ce qui est féminin et ce qui est masculin. En italien comme en espagnol, c'est à peu près la même chose.

Mais, il n'en va pas de même pour toutes les langues. Nombre d'entre elles ont aussi un neutre, principalement pour parler des choses inanimées. D'autres encore, comme le hongrois, n'ont tout simplement pas de genre, en tout cas aucun système de classification des mots qui s'y apparente. A contrario, certains idiomes peuvent en compter plusieurs dizaines. Chez certains Bantous par exemple, il y a des genres pour distinguer ce qui est liquide de ce qui est solide, ce qui est plat de ce qui est en relief, ce qui est rond comme une bague de ce qui est rond comme une balle, ce qui est plat comme un drap de ce qui est semblable à un bloc de sucre, etc.

On le voit, le genre grammatical ne va pas de soi, et encore moins sa confusion avec l'appartenance sexuelle. Au fil de notre balade parmi les mots hermaphrodites, à cheval sur la frontière entre féminin et masculin, nous avons voulu partir à la recherche de ce que le genre grammatical veut dire, de ce qui a présidé à cette étrange partition du monde, et des effets que celle-ci a sur notre perception du réel et sur notre sentiment de la vie.

A

ABONDANCE

Nous commençons par une question de mythologie : la corne d'abondance est-elle une corne de chèvre ou une corne de bœuf ?

Au féminin, l'abondance est la profusion, la grande quantité, la multitude. Dans leur panthéon extra-large, les anciens Grecs hébergeaient la divinité Abondance, belle jeune femme fleurie à foison et tenant dans sa main une corne regorgeant de victuailles. D'où tenait-elle cette corne ? De la chèvre Amalthée, celle-là même qui allaita Zeus dans son jeune âge.
La corne d'abondance serait donc bien celle d'une chèvre.
Si ce n'est qu'au masculin, l'abondance est un bœuf. Reconnaissons-le : l'abondance est rare. Cette race d'origine haut-savoyarde représente à peine plus d'un pour cent du cheptel bovin laitier français. Il n'empêche

qu'une corne d'abondance peut tout aussi bien être celle d'un bœuf.

Par ailleurs : l'abondance au masculin désigne aussi le fromage à pâte pressée que l'on fabrique à partir de ces mêmes vaches de la race abondance.

ADONIS

Au masculin, un adonis est un jeune homme remarquablement séduisant. Là encore, le terme nous vient de la mythologie grecque : Adonis, mortel beau comme un dieu, tapa dans l'œil à deux divines frangines, Aphrodite et Perséphone. Pour arbitrer la querelle, leur père Zeus demanda qu'Adonis passât son temps pour un tiers avec l'une, pour un tiers avec l'autre, et pour le dernier tiers avec tout autre amoureuse de son choix. Hélas ! C'est avec Aphrodite, la véritable élue de son cœur, qu'il voulut jouer les prolongations, déséquilibrant ainsi l'arrangement convenu. Des remous s'ensuivirent dans le landerneau divin, qui se soldèrent par une fatale vengeance. Au cours d'une partie de chasse, Adonis tomba sous la charge d'un sanglier, sans doute missionné par un rival ou un ennemi d'Aphrodite, agité par l'affaire (Arès ?

Apollon ? L'enquête n'a rien conclu).
Le sang du beau jeune homme coula, à une goutte de ce sang se mêla une larme d'Aphrodite. Et de ce mélange naquit une adonis, petite renonculacée rouge, aussi appelée goutte-de-sang, et puissamment toxique pour le cœur des humains...

Par ailleurs : l'adonis au masculin est aussi un beau papillon bleu, ainsi qu'un gros poisson d'eau douce.

AFFIXE

Au féminin, l'affixe est un nombre complexe associé à un point du plan. Pour ceux qui ont passé leurs cours de maths à perfectionner leur pratique du morpion, rappelons qu'un nombre complexe est l'association de deux nombres : l'un dit « réel », et l'autre dit « imaginaire », ces deux nombres correspondant à l'abscisse et à l'ordonnée d'un point dans le plan. Cela paraît artificiel comme ça, mais en géométrie, notamment, l'outil s'avère d'une remarquable puissance.
C'est en linguistique qu'on emploie affixe au masculin. Il y désigne un élément qu'on accole à un radical pour former un nouveau mot. Par exemple, les préfixes et les

suffixes sont des affixes. Le mot affixe lui-même contient un affixe : sur le radical fixe (ce qui ne bouge pas), s'est greffé le préfixe a-, qui exprime l'idée d'une absence ou d'une privation.
Une affixe pour les matheux, *un* affixe pour les khâgneux. Pourquoi ? Mystère. Ah ! Si le français avait un neutre…

AIDE

Une aide, c'est un soutien, une contribution.
Un aide, c'est la personne qui apporte cette aide. Le terme contient l'idée d'une infériorité hiérarchique de l'aidant vis-à-vis de l'aidé. Ainsi, dans l'armée, un aide de camp seconde un chef militaire, veille à la transmission et à l'application de ses ordres. Quand un colonel crie « À l'aide ! » il attend donc aussi bien une aide qu'un aide. Quand un troufion de base crie « À l'aide ! », il a intérêt à avoir des copains.

AIGLE

Un aigle est un grand rapace diurne. Oiseau altier, il évoque la force, le prestige, la majesté. Rien d'étonnant à ce qu'il soit devenu le symbole de nombreux états, et plus spécialement d'empires. Les légions romaines en faisaient leur emblème, le Saint Empire romain germanique en hérita, Napoléon les imita. L'aigle orne encore aujourd'hui diverses armoiries et plusieurs drapeaux nationaux : en Albanie, l'animal est gratifié de deux têtes ; en Moldavie, il porte une croix dans son bec, un rameau dans une patte et un sceptre dans l'autre. Au Mexique, il triomphe d'un serpent, tout en étant perché sur un cactus, ce qui, il faut l'avouer, n'est pas à la portée du premier volatile venu.

Lorsqu'il est représenté, l'oiseau n'est plus un aigle mais une aigle. Faut-il en conclure qu'il s'agit alors de femelles et non de mâles ? C'est fort douteux : dans la nature, distinguer à distance le sexe de l'aigle est impossible. Et il serait bien téméraire d'aller y voir de plus près. A fortiori, dans les représentations stylisées, rien ne saurait le déterminer.
Cette particularité du langage héraldique est en fait un héritage de la langue latine. *Aquila*, l'aigle, y est un mot féminin. Les héraldistes ont conservé le genre tandis que l'usage commun l'a progressivement inversé au fil des siècles. Pourquoi ce changement ? Est-ce à cause de la voyelle initiale, qui engendre souvent une incertitude sur le genre ? Est-ce par analogie avec les autres noms

de rapaces, très majoritairement masculins ? Difficile de l'établir, mais on ne peut s'empêcher une remarque cependant : jusqu'au XVIe siècle, le mot aigle est encore féminin. Et c'est justement au siècle suivant, lorsque s'assoit plus fermement l'autorité du roi, en même temps que celle du père, son lieutenant au sein de la famille, que l'aigle, oiseau noble et puissant, surplombant la piétaille et symbolisant le pouvoir, va devenir masculin.

AMOUR

Amour, délice et orgue : c'est le fameux triptyque des mots qui changent de genre quand ils changent de nombre. Mais il arrive aussi que les amours soient masculins : c'est qu'on parle alors des angelots personnifiant l'amour ou représentant ses divinités (Éros, Cupidon...). Signalons au passage que les délices aussi peuvent être masculins lorsqu'ils sont précédés de « de » : on dira « un de mes plus grands délices ». Mais doit-on dire « un de mes plus belles amours » ?

ARIA

Une aria est un chant mélodique interprété par un soliste, accompagné par une petite formation musicale. Le genre se pratiqua surtout au cours du XVIIIe siècle, et Bach ne fut pas le dernier à en composer.
Tandis qu'un aria, c'est soit un amoncellement embarrassant d'objets hétéroclites, soit un tracas imprévu. Le terme est franchement désuet, mais on le rencontrait encore sous la plume d'auteurs du siècle dernier, comme Montherlant ou Francis Carco.

Nous avons affaire ici à des mots totalement distincts, sans autre rapport entre eux que leur parfaite homonymie. Un aria dérive du vieux français *harier*, qui signifie harceler ; une aria est un emprunt à la langue italienne (*aria* y signifie air de musique). Pure coïncidence donc, où il ne faut voir aucune anti-mélomanie...

ARRIÈRE-MAIN

L'arrière-main, c'est le dos de la main. Puisqu'il est construit sur le mot main, le terme a logiquement hérité de son genre féminin. Ne dit-on pas de même une

arrière-cour, un arrière-train, un arrière-goût,...
Mais cette belle évidence se trouble dès qu'on parle de jeu de paume : l'arrière-main y est un coup du revers de la main. Même chose dans le domaine de l'équitation : l'arrière-main y désigne la partie postérieure du cheval, celle qui est derrière la main du cavalier. Les sources ne s'accordent plus alors sur le genre du mot. Les partisans du masculin (Littré en tête) avancent qu'il s'agit dans les deux cas du vestige d'une ellipse : un (coup de l') arrière-main pour le jeu de paume, un (train de l') arrière-main pour l'équitation. Les partisans du féminin, eux, n'arguent rien, nous laissant dans le doute, le dilemme, la déréliction.

ASCLÉPIADE

En versification gréco-latine, un asclépiade est un vers de quatre ou cinq pieds, selon qu'il est dit petit ou grand.
En revanche, qu'elle soit grande ou petite, une asclépiade n'a toujours qu'un pied. Cette plante sauvage collectionne les atouts, puisqu'on peut s'enivrer de son puissant parfum, se régaler de ses gousses, et qu'on espéra même un temps en extraire du caoutchouc. Mais ce sont surtout ses vertus médicinales qu'apprécièrent

les Grecs, à tel point qu'ils l'appelèrent la plante d'Asclépios, le dieu de la médecine.

Oui, mais bon : un asclépiade et une asclépiade, quel rapport ?

C'est aussi au dieu grec que le vers doit indirectement son appellation. Le nom d'Asclepiades fut adopté par diverses familles de médecins qui, en toute modestie, prétendaient descendre d'Asclépios. Le grand Hippocrate lui-même était des leurs. A la manière des « Philistins épiciers » moqués par Richepin et chantés par Brassens, cette noble caste voyait assurément toute sa progéniture reprendre le caducée. Mais pour bien les punir, un jour ils ont vu venir sur terre, un poète. Sur cet Asclepiades à plume, on sait peu de choses, si ce n'est qu'il créa le vers dont nous parlons.

AUNE

De l'aune du Roy au roi des au(l)nes...
A nouveau, une histoire de pieds. Une aune en valait à peu près quatre. Avant la Révolution, c'est en aunes que les drapiers du royaume de France mesuraient leurs tissus.

Pour nous qui sommes coutumiers du mètre et de ses impeccables décimales, le système d'unités de l'Ancien Régime a des allures d'indémêlable jungle. Toises, perches, cannes, brasses, lieues, encablures, grandeurs variables selon les époques, les usages, les régions... Ainsi l'aune mesurait-elle 81 cm à Troyes, 1,45 m à Bordeaux, 1,19 m à Paris. François Ier tenta d'y mettre bon ordre en fixant l'aune du Roy (ou aune de Paris) à 3 pieds 8 pouces. Mais comme personne n'était vraiment sûr de la taille du pied pris pour référence, cela n'a pas très bien marché.

Au masculin, l'aune est une variante orthographique de l'aulne, cet arbre qui croît volontiers dans les lieux humides et brumeux. Dans ses bois rôde l'*Erlkönig*, le roi des Aulnes, le voleur d'enfants que versifia Goethe, et qui inspira bien plus tard Michel Tournier. À l'âge adulte, il mesure 20 à 30 mètres (l'aune, pas Michel Tournier), soit 25 aunes environ.

Les deux mots sont étrangers l'un à l'autre.

Par ailleurs : l'expression « à l'aune de » fait bien sûr référence à l'unité de longueur, et signifie justement « en prenant pour référence ».

AVANT-MAIN

De la même façon que l'arrière-main vu(e) précédemment, l'avant-main peut désigner soit la partie avant de la main du côté de la paume, c'est alors un mot féminin ; soit la partie du corps d'un cheval devant la main du cavalier. Il peut alors être masculin.
Les joueurs de paume ne parlent pas d'avant-main mais de paume. Sinon leur sport s'appellerait le jeu d'avant-main.

AUTOMATIQUE

Nous sommes ici dans le cas d'une double substantivation du même adjectif. Ce qui est automatique, c'est ce qui fonctionne seul, ce qui s'accomplit sans intervention extérieure. L'adjectif a donné l'automatique au féminin, la science et la technique de l'automatisation, et plus généralement la science des systèmes. Tandis que l'automatique au masculin va désigner un pistolet, ou un système téléphonique automatique.
Au féminin l'idée générale, la discipline, au masculin l'application particulière. Une répartition des genres qu'on retrouvera de maintes fois dans ce dictionnaire.

B

BALISTE

La baliste était une machine de guerre en usage dans l'Antiquité et jusqu'au Moyen Âge. Elle servait à projeter des flèches, des pierres, des torches en flamme... Une catapulte, en somme ? Pas tout à fait : là où la catapulte exploite le principe du balancier à contrepoids, la baliste tire sa force de la mise en tension d'une corde entre deux bras élastiques. Ce qui en fait plutôt une espèce de très grosse arbalète montée sur des roulettes.

Le baliste est un poisson de mer. Selon l'espèce, il peut être clown ou royal, tacheté ou ondulé, cabri ou léopard, écharpe ou boomerang, ou même picasso. C'est dire s'il est beau. Mais méfiez-vous de l'animal : sa nageoire dorsale porte un aiguillon capable de se redresser brusquement pour frapper un éventuel assaillant. C'est cette arme de choc qui lui valut dès l'Antiquité d'"hériter du nom de la machine de guerre.

BARBE

La barbe c'est ce qui pousse au menton et aux joues des hommes, voire de certaines femmes. Les animaux aussi ont des barbes, la chèvre notamment. Mais chez eux, elle n'est pas toujours faite de poils : ainsi, la barbe de coq est une partie charnue de sa crête, la barbe d'un poisson plat est une excroissance cartilagineuse qui lui sert de nageoire. Et si l'on vous parle de barbe-de-bouc et de barbe-de-renard, il s'agira plutôt d'un salsifis sauvage et d'un arbuste épineux.

Le cheval aussi peut avoir une barbe, et même deux : certains d'entre eux ont du poil au menton, et par ailleurs c'est ainsi qu'on appelle la zone de leur lèvre inférieure où se réunissent les deux parties de la mâchoire.
Mais surtout un cheval peut être *un* barbe : il est alors de la race que chevauchent les Berbères depuis des millénaires. Robustesse, endurance, rapidité, intelligence : le barbe avait tout pour devenir une monture guerrière très prisée, des Carthaginois jusqu'aux troupes du général Rommel. Les Romains l'appelaient le cheval de Barbarie. Par apocope, il est devenu le cheval barbe, puis le barbe.
Et la Barbarie, c'est aussi la contrée des barbares, ces

étrangers mal dégrossis que les Grecs se représentaient copieusement barbus. Le barbe et la barbe sont donc deux proches cousins.

Par ailleurs, en argot, le barbe désigne un maquereau. Pas le poisson, vous l'aurez compris. Le mot est né par apocope de barbeau, autre nom de poisson, et autre synonyme de souteneur.

BARDE

En boucherie, la barde est une fine tranche de lard dont on entoure une viande que l'on va rôtir. Il convient de l'y ficeler solidement, à l'aide d'une corde appelée la bride.
Il en est un autre qu'on ficelle volontiers à l'heure où le banquet se profile, c'est Assurancetourix, le barde des aventures d'Astérix. Goscinny et Uderzo se sont amusés à en faire un poète un peu lunaire et non-violent, un compagnon gai et sympathique, et surtout un chanteur calamiteux. Rendons-lui un peu justice en soulignant l'importance du barde dans les sociétés gauloises : dépositaire de la tradition orale, il transmettait les mythes et les chants sacrés, et assumait les fonctions d'instituteur. Sans être l'égal du druide, le barde

constituait une véritable sommité de la communauté.

Du barde à la barde, point de passerelle : le premier vient du celte, la seconde de l'arabe *barda'a*, une sorte de selle qui a aussi donné barda, le chargement du soldat.

Précision : le barde admet un féminin, non pas *la* barde, mais la bardesse.

BARGE

Une barge est soit un oiseau échassier, soit un bateau à fond plat. Un barge, apocope de barjot, lui-même verlan de jobard, c'est un type carrément maboul. Pas de lien entre ces deux mots.

BASKET

Nous sommes en 1891 à Springfield, dans le Massachusetts. Le presbytérien John Naismith enseigne à la fois la Bible et la culture physique. Si l'étude des saintes écritures s'accommode des rigueurs hivernales, c'est moins vrai pour la pratique du base-ball et du soccer. Quelle activité d'intérieur proposer à ses jeunes gaillards d'élèves, peu enclins à ressasser leur gymnastique suédoise en attendant la fonte des neiges ? Naismith imagine, détourne, expérimente, et au bout de longs mois de brainstorming solitaire, élabore et fignole les règles du basket-ball, sport d'équipe qui consiste peu ou prou à mettre un gros ballon dans un petit panier (*basket* en anglais).

Le jeu rencontre un succès immédiat. Et c'est alors, déduirez-vous, que pour pratiquer le basket sans se tordre les chevilles ni valdinguer dans les gradins, on invente la basket. Erreur ! D'une certaine façon, la basket a précédé le basket. C'est dès 1868 que la Candde Manufacturing Co de New Haven a mis au point une chaussure de sport en toile et à la semelle de caoutchouc. Cette merveille trouve bien sûr un heureux débouché avec la création du professeur Naismith. Et c'est un peu plus tard – 1908 pour être précis –, que Converse met au point la première véritable basket, chaussure tout spécialement conçue pour ce sport.

Au féminin, le mot basket est tout simplement né par ellipse à partir de la chaussure de basket. De même, le polo est le vêtement de polo, et la tennis la chaussure de tennis. Mais alors pourquoi pas la football pour la chaussure de foot, la rugby pour la chaussure de rugby ? Sans doute parce que les baskets et les tennis ont su s'imposer comme des chaussures de ville, et conquérir leur autonomie loin de leur sport d'origine. Dès les années 1960, porter à toute heure et en tout lieu des sneakers, c'est pratique et c'est de plus en plus chic. Le sportswear prospère, jusqu'à la *Marie-Antoinette* filmée en 2006 par Sofia Coppola, qui compte dans sa garde-robe de superbes Converse All Star rose bonbon.

BASQUE

Lorsqu'il désigne un habitant de l'Euskadi, le mot Basque est ce qu'on appelle un épicène, c'est-à-dire un terme pouvant être des deux genres, et qui a la même forme au masculin et au féminin. Cela ne suffirait pas à justifier la présence du mot dans ces pages. Mais il s'avère que le basque désigne aussi la langue que l'on parle dans le susdit pays, et que par ailleurs, la basque est l'une des deux moitiés tombantes d'un vêtement qui couvrent le fessier, tels les deux pans de la queue-de-pie.
La basque n'est pas l'invention de quelque tailleur biarrot, l'origine du mot se situant plutôt du côté de la Provence. Quant aux Basques, leur nom vient de celui des Vascons : c'est ainsi que les Romains appelaient les gens du coin.

D'où vient l'expression « lâche-moi les basques » ? Serait-ce un appel à soutenir les velléités d'indépendance de la région de Pampelune ? Non, bien sûr. C'est plutôt une invitation à lâcher ces deux morceaux de tissu qui pendouillent à portée de main de qui vous colle au train. La queue-de-pie se faisant rare, l'expression est aujourd'hui détournée en un plaisant « lâche-moi les baskets ».

BEIGNE

Dans le langage populaire, une beigne, c'est une gifle, un coup porté au visage. A l'origine c'était plus précisément la bosse laissée par ce coup. Et la bosse, c'est grossièrement la forme du beigne, petit gâteau de pâte frite recouvert de sucre ou de glaçage que l'on déguste au Canada. Un cousin d'Amérique de la bugne, autre genre de beignet apprécié du côté de Lyon. Tous ces mots ont un même ancêtre : buyne, qui signifiait bosse en vieux français.
Ceux qui croyaient que le mot beignet devait son nom au fait qu'on le cuit en le baignant, se voient enfin détrompés.

BOGUE

1983 : le Haut Comité de la langue française, en liaison avec l'Académie tout aussi française et quelques autres défenseurs de la franco-francité de notre langue française, décide de s'attaquer à un nouvel ennemi : le cafard. En anglais : le bug. Au tournant des années 80, le bug se répand à vive allure. Venu du langage informatique, où il désigne un problématique défaut de programmation, il séduit de plus en plus le quidam dès qu'il s'agit d'évoquer toute forme d'anomalie ou de blocage. Il faut agir, et vite : boutons le bug anglois en lui trouvant un équivalent bien de chez nous.

Mais comment supplanter la parfaite simplicité, la puissance évocatrice de ce petit mot rigolo, qui semble tout droit sorti d'une bulle de *comic strip* ? Ça gamberge sous la coupole, ça trifouille dans les dicos, jusqu'à ce que jaillisse l'idée, la vraie : la bogue ! La bogue, c'est l'enveloppe couverte de piquants qui protège la châtaigne ou le marron. Quelle belle image pour évoquer le problème épineux posé par le bug ! Et, pense-t-on, la ressemblance entre les deux mots précipitera la substitution. Ni une ni deux, la recommandation paraît au *Journal officiel* du 30 novembre 1983.

Le bug vit ses derniers jours, veut-on croire en haut lieu. Hélas, l'ici-bas fait souvent fi des directives officielles :

non seulement le bug pullule de plus belle, mais les rares qui s'appliquent à adopter son challenger (pardon : son concurrent), renâclent à en faire un mot féminin, et c'est *le* bogue qui s'impose à l'usage, par imitation de l'anglicisme d'origine. Aujourd'hui, la DGLFLF (Délégation générale à la langue française et aux langues de France), qui a remplacé entretemps la DGLF (Délégation générale à la langue française) qui elle-même s'était substituée au Haut Commissariat de la langue française, qui lui-même avait pris la place du Haut Comité de la langue française, s'est résolue à recommander le genre masculin pour ce mot.

Les institutions passent, le bug demeure.

BOHÈME

La bohème nous parle d'un temps que les moins de cent vingt ans ne peuvent pas connaître. On l'associe surtout au Montmartre fin de XIXe siècle, mais le terme s'était déjà largement imposé depuis les années 1840 pour désigner la vie d'artiste, ou l'idée qu'on s'en fait : excentrique et insouciante, libre et tapageuse.
Vivre la bohème, c'était vivre la vie de liberté que les romantiques prêtaient alors aux « Bohémiens ». En

l'occurrence, si l'on prenait des libertés, c'était surtout avec la géographie : ceux que l'on appelait aussi les Égyptiens ne venaient ni d'Égypte ni de Bohême. Et c'est où la Bohême ? C'est la plus grosse partie de l'actuelle République tchèque, avec en son centre la ville de Prague, bien loin des bases européennes des populations roms. Pourquoi cette confusion géographique ? On ne sait pas trop... En revanche, ce qui vient bien de cette région, c'est le bohême. Ce cristal luxueux fait la fierté de l'artisanat tchèque depuis au moins le XVIIIe siècle et constitue encore de nos jours une importante ressource du pays.

Précision : D'une référence à l'autre, on note un certain flottement sur l'accent qui convient à bohème. Si l'on s'en tient au *Petit Robert*, on adoptera toujours le grave. D'autres le réservent au féminin. Et si on fait confiance au grand Charles (Aznavour) et la pochette de son fameux 45 tours « la Bohême », c'est le circonflexe qu'on retiendra. Le débat est ouvert.

BOUFFE

La bouffe, c'est la tortore, la graille, la boustifaille, la tambouille, la jaffe, la becquetance, la bouffetance, la croque, la briffe, la mangeaille, la pitance, bref la nourriture. Hormis le rata, le frichti ou le fricot, à la rigueur le manger, on peine à lui trouver des synonymes masculins.

En revanche, le bouffe, ça ne se mange pas, et les Bouffes-Parisiens ne sont pas un restaurant mais un théâtre, pas même un théâtre où l'on mange. A l'origine, le bouffe est un chanteur d'opéra bouffe, cette forme de spectacle musical comique qui connaîtra son apogée sous le second Empire avec les œuvres d'Offenbach. Puis le terme en viendra à désigner plus généralement un personnage au comique grossier.

En italien, *buffo*, c'est ce qui est ridicule, ce qui suscite le rire et la moquerie. La bouffe a une tout autre origine : au XVIIe siècle, bouffer signifiait gonfler les joues, notamment pour marquer sa colère, de même qu'une étoffe bouffe quand elle se gonfle de vent.

BOUM

L'onomatopée parle d'elle-même (c'est justement sa raison d'être) : le boum est un gros bruit soudain, provoqué par une chute ou une explosion, voire par les bonds d'un cœur amoureux comme le chantait Charles Trenet. L'usage tend à confondre ce boum à la française avec le boom à l'américaine, qui a un sens plus large : un boom, c'est un succès retentissant, un développement fulgurant. On retrouve le mot dans le baby-boom, puis dans le papy-boom.

Pour ne pas être en reste avec bébé et pépé, l'ado, quant à lui, a sa boum, fête dansante organisée à domicile, pour le bonheur des jeunes gens, et le malheur des voisins du dessous. Le mot aujourd'hui désuet s'était imposé dans les années 1970, au terme d'un parcours assez tortueux. Dans la France de l'après-guerre, le boom était le nom donné aux fêtes annuelles organisées par les élèves des grandes écoles, ceux d'HEC notamment. Dans le même temps, apparassait et se répandait l'usage du mot surprise-partie (merci Sheila). Dans les bouches juvéniles et facétieuses, le vocable subit diverses triturations et devint ici la surpatte, là la surboum, par influence du boom étudiant évoqué plus haut. Avec le temps le *sur* tombe et voici la boum.

Rien n'est plus volatil que le parler ado. Mais l'énorme

succès du film de Claude Pinoteau avec Sophie Marceau a permis à la boum de s'inscrire durablement dans les mémoires.

BOURRE

Mais que fait-on quand on se tire la bourre ? Dans le sens imagé, c'est se livrer à une rivalité. Mais dans le sens littéral ? La bourre est en fait l'amas de poils que l'on détache d'une peau de bête avant de la tanner. Se tirer la bourre, c'est en quelque sorte s'arracher mutuellement les poils, comme le feraient dans l'étreinte deux lutteurs de foire.
Être à la bourre, c'est devoir se presser afin d'éviter un retard. Le mot est cette fois à rapprocher du verbe bourrer : en parlant d'un chien de chasse, cela signifie courir après le lièvre.
Être à la bourre, donc, c'est embêtant. Etre chez les bourres, c'est pire. Le bourre est un des nombreux synonymes argotiques de policier. Le terme n'a pas de lien direct avec la bourre, mais plutôt avec la bourrique, à moins que ce ne soit avec un autre sens de bourrer (sous-entendu : de coups), un peu comme le verbe cogner a donné les cognes.

BUGLE

Le bugle est un instrument à vent, proche cousin de la trompette. Même embouchure, mêmes pistons. La différence réside surtout dans la forme conique du pavillon, ce qui lui donne un son plus doux, mais moins puissant.
Cette forme conique, on ne la retrouve que très vaguement dans la corolle de la bugle, petite fleur souvent bleue, parfois jaune, qui pousse dans les bois à la fin du printemps. Les deux mots ne sont en rien cousins : en ancien français, le bugle désignait le bœuf, dont l'instrument est censé rappeler le beuglement. Alors que le nom de la bugle vient de *bugula*, le nom qu'elle avait en latin.

BULLE

Elle est papale ou savonneuse, financière ou protectrice, elle punit le cancre ou excite le spéculateur, elle fait pétiller le champagne ou causer le capitaine Haddock : la bulle est un peu partout dans nos vies. Le bulle, quant à lui, se trouve chez le papetier : il s'agit d'un papier de qualité assez grossière, dont on fait notamment ces petites sous-chemises colorées bien utiles au classement des documents. Comme l'origine du nom est inconnue, on ne saurait dire s'il a quelque rapport avec la bulle. En tout cas, il n'a rien à voir avec ce que l'on appelle aujourd'hui le papier à bulles, film plastique renfermant des alvéoles disposés en quinconce, et qui sert à préserver la vaisselle familiale des rudesses des barbares déménageurs.

BURE

La bure est l'étoffe de laine brune dont se vêtent les moines. Le terme est à rapprocher du mot bourre, précédemment évoqué. C'est de ce même tissu qu'on recouvrait autrefois les tables où l'on s'installait pour écrire, ce qui a donné le mot bureau.
Quant au bure, c'est un puits vertical reliant deux ou plusieurs galeries d'une même mine. Le genre du mot est en fait incertain. Comme on l'emploie au masculin en wallon, sa langue d'origine, *Larousse* propose d'en faire autant en français. *Littré* dit le contraire. L'Académie ne se mouille pas. Chacun fera bien comme il voudra…

C

CACHE

Une cache est un lieu où l'on se cache. Un cache est un morceau de papier ou de carton avec lequel on cache. La cache accueille, le cache travaille. C'est une vieille habitude bien ancrée dans nos contrées que d'associer le féminin à ce qui est passif, le masculin à ce qui est actif. Et pas seulement dans le langage.

CARPE

La carpe est un gros poisson d'eau douce réputé pour l'insigne pauvreté de sa conversation. Puisqu'elle a des arêtes, il n'y a pas d'os dans la carpe. En revanche, il y a des carpes parmi nos os. Le carpe est un ensemble de huit osselets du poignet. Le plus connu est le scaphoïde, qui doit sa renommée au fait qu'on se le casse souvent. Signe qu'on s'intéresse à son corps surtout quand il se met à déconner. Parmi ces huit os, aucun qui ait peu ou prou la forme d'un poisson. Alors pourquoi cette homonymie ? Simple coïncidence. Le carpe est la francisation du grec *karpos*, qui veut dire poignet. Alors que la carpe, découlerait d'un lointain terme wisigoth, via le bas latin *carpa*.

CARTOUCHE

Cartuche et cartoche sont dans un bateau. Les deux tombent à l'eau. Qu'est-ce qui reste ?

La cartouche est l'enveloppe de carton qui contient la charge d'une munition. C'est aussi un lot de paquets de cigarettes, ou encore un petit réservoir d'encre pour stylos à plume, et désormais pour imprimante.
Le cartouche désigne quant à lui l'encadrement oblong où les Égyptiens inscrivaient leurs hiéroglyphes, ou bien l'ornement sculpté ou dessiné qui représente un petit rouleau de papier partiellement déroulé, ou aussi l'emplacement réservé au titre ou à la légende d'un plan ou d'une carte.
A ces deux mots de sens pas si éloignés, on imagine une origine commune. Et on n'a pas tort. Mais avant de se confondre, ils auront suivi des routes différentes.

Au commencement, il y avait la carte, *carta* en latin. A partir d'elle, les Italiens de la Renaissance ont forgé *cartoccio*, qui signifie petit morceau de papier. Et c'est au XVIᵉ siècle, en arrivant en France, que le terme fourche. Les artificiers changent le genre du mot et le francisent en la *cartuche*, pour parler du papier roulé rempli de poudre ; de leur côté, les sculpteurs lui conservent sa « mâlitude » et le francisent autrement, lui préférant le *cartoche*. *Cartoche* et *cartuche* coexistent quelques décennies. Puis s'opère entre les deux cousins une curieuse fusion des orthographes, mais pas des genres. Dans le dictionnaire de l'Académie française de 1694, point de *cartuche*, point de *cartoche*, mais bel et bien un et une cartouche. La distinction de genre selon le sens n'y est pas encore bien établie, mais elle se consolidera et se fixera dès le siècle suivant, dans l'état où nous la connaissons.

Séparations, retrouvailles, changements de genre : la vie des mots vaut bien des romans.

CASSE

En argot, un casse est un cambriolage.
Une casse, c'est un cimetière de voitures, ou l'action de

casser, ou la décision de dégrader un officier. Pour tous ces sens, le et la casse dérivent très clairement du verbe casser. Mais les autres casses, toutes féminines, ont leur origine propre. La casse, c'est aussi :
- un outil de verrier (le mot vient du provençal) ;
- la pulpe laxative issue du cassier, un arbre tropical. Lui, il vient du grec ;
- la boîte à casiers, la caisse (*cassa* en italien), où les imprimeurs rangent leurs caractères.

Les imprimeurs sont gens ordonnés et rationnels. En haut de leur casse, ils rangent les caractères rares, en bas les plus utilisés. D'où l'expression « bas de casse » pour désigner les lettres minuscules, plus fréquentes que les capitales.

CAVE

Une cave est une pièce en sous-sol, qui sert plutôt de débarras que d'habitation, ou bien c'est un local, voire un meuble où l'on conserve ses bonnes bouteilles, ses fromages, ses cigares afin de leur réserver des conditions optimales de température et d'humidité. La cave est aussi la mise de départ du joueur de poker.

Le cave, en argot, c'est le gars qui n'est pas du milieu, ce qui fait de lui un pigeon potentiel. Dès qu'on voit du *av* dans un mot d'argot, on suppute qu'il y a du javanais là-dessous. Le javanais est ce parler de la rue qui consiste à intercaler les syllabes *av* ou *va* à tout va, dans le but sournois que les gogos y entravent que dalle.

Mais en l'occurrence, le javanais n'est pas dans le coup. En fait, le cave du truand et la cave du joueur dériveraient tous deux du verbe caver, qui signifie miser au jeu, mais qui a aussi voulu dire tromper, abuser, il y a de cela deux bons siècles.

CHAMPAGNE

Si le paysan picard ou normand vivait à la campagne, celui de Saintonge, du Berry ou des environs de Reims vivait plutôt à la champagne. La *campania* latine a eu des descendances variables d'une région à l'autre, selon que le son *k* muât ou non en *ch*.

De nos jours, la champagne désigne plus spécialement une terre au sol riche et au soubassement crayeux, association propice à l'élevage de bons vignobles. Ainsi naquit le fameux vin de Champagne, appelé plus elliptiquement le champagne.

La fine champagne, quant à elle, est une eau-de-vie du pays de Cognac, et n'a donc qu'un bien lointain rapport avec le mousseux de luxe des parages rémois.

CHÂSSE

Bien à l'abri sous son accent circonflexe, la châsse est un coffre qui renferme les reliques d'un saint. Mais le mot peut aussi désigner un cadre rigide qui maintient un objet en place, en particulier les verres d'une paire de lunettes.
Et justement, derrière ces châsses, se cachent d'autres châsses, cette fois au masculin : c'est ainsi qu'on appelle quelquefois les yeux en langage argotique. Il semble que le mot dérive de châssis, qui veut dire aussi œil en argot par analogie avec le châssis de la fenêtre. Et d'où vient le mot châssis ? De la châsse. La boucle est bouclée.

CHINE

Dans sa géographie fantasmée, le Français du XIXᵉ siècle prête à la Chine une méticulosité et un raffinement extrêmes. Les trésors qu'on en rapporte ont de quoi inspirer cette vision. Et objets et matières tirent grand lustre de venir de si loin. Vases de Chine, papier de Chine s'imposent alors au bon goût occidental. Et c'est ainsi que le chine se met à désigner soit un soyeux papier de luxe fabriqué à base de bambou, soit un objet de porcelaine fine, tel qu'on en fabriquait sous le règne des empereurs Ming, il y a cinq cents ans.

Nombre de ces bibelots, de ces matériaux exotiques se retrouveront plus tard sur les étals des antiquaires et autres brocanteurs. Est-ce donc pour cela que le commerce des petits trésors d'occasion s'appelle la chine ? Eh non, ça n'a rien de chinois. Au XIXe siècle, celui qui « faisait la chine » était avant tout un vendeur ambulant. De par les rues, il devait continuellement s'échiner à transporter son stock. C'est donc du verbe s'échiner, travailler dur, que vient celui de chiner, qui donnera ensuite la chine. Le jeu de mots était tentant, et relevait plaisamment le prestige de l'humble chiffonnier. Il pouvait ainsi « aller à la chine », à l'heure où d'autres, sous l'uniforme, partaient faire l'Afrique ou le Tonkin. Au passage, ce même chiffonnier ne se privait pas de relever aussi le prestige de sa marchandise : « faire la chine » a également signifié « augmenter frauduleusement la valeur de certains objets ».

Amusant retournement de l'histoire : le boom économique est tel du côté de Shanghai qu'aujourd'hui les plus généreux clients du Marché aux Puces de Saint-Ouen, le royaume de la chine, ...sont des Chinois.

CISTE

Le ciste est un arbrisseau méditerranéen aux jolies fleurs blanches ou roses. De ses jeunes pousses on tire une résine qui fut utilisée en parfumerie et en médecine dès l'Antiquité.

A cette même époque, la ciste était une corbeille qui servait au transport d'objets de culte, lors des cérémonies en l'honneur de diverses divinités. Les archéologues reprendront le terme pour parler d'un cercueil de pierre datant du mégalithique.

Les deux mots sont étrangers l'un à l'autre.

CLAQUE

Après boum, clac. Voici la deuxième onomatopée de notre ouvrage. Mais cette fois le petit bruit a d'abord fait naître un verbe, claquer, d'où dérivèrent ensuite un nom féminin et un nom masculin.

Une claque c'est d'abord une gifle, un coup qui fait clac.

Quand l'Anglais applaudit, ça fait clap : *Hey ! Clap your hands !*. Quand le Français applaudit, ça fait clac. Même nos mains ne parlent pas la même langue.

Chez nous, la frange d'un public payée pour lancer les

applaudissements est appelée la claque. Et chez les Anglais ? On dit *the claque* aussi. Ce stratagème serait-il typiquement français ?

D'un autre côté, un claque, c'est un chapeau-claque, un chapeau haut de forme qu'on peut aplatir, et qui fait clac quand il se déploie. On en revient toujours à l'onomatopée.

Mais quand on parle d'un claque pour désigner un bobinard, une maison de tolérance, quel rapport avec le son clac ? Le langage argotique, qui a justement pour vocation d'échapper à la compréhension des caves (voir plus haut), laisse peu de traces dans la littérature, et peu de grain à moudre aux étymologistes. Une piste cependant : le claque a aussi désigné une maison de jeux clandestine, un tripot, un lieu où l'on va claquer tout son pognon. Mais ce n'est qu'une piste...

Et celui qui prend ses cliques et ses claques ? Il n'emporte ni ses fervents supporters, ni une bonne paire de baffes, mais plutôt ses jambes (les cliques) et ses couvre-chaussures (les claques). Sans faire ni une, ni deux. Ni clac.

CLASSIQUE

Ce qui est classique, c'est ce qui est digne d'être imité, enseigné en classe, ce qui fait autorité et office de modèle. C'est aussi ce que la tradition a consacré, ce qui est conforme à l'habitude.

L'adjectif a été substantivé dans les deux genres, mais dans des domaines bien différents. Le classique fait référence à l'art, qu'on parle du style de musique, ou de l'œuvre ou de l'artiste vu(e) comme incontournable. Tandis que la classique désigne une épreuve cycliste d'un jour qui se court chaque année à date régulière, et qui a su s'imposer comme un rendez-vous important de la saison sportive. Parmi les plus connues, citons Paris-Roubaix, Milan-San Remo, et la doyenne Liège-Bastogne-Liège, qui se court depuis 1892.

Le mot est tout simplement apparu par ellipse : la (course) classique, le (théâtre) classique. Et pourquoi la musique classique a-t-elle donné le et non pas la classique ? Parce que c'est du style classique au sens large que l'on parle, quel que soit l'art en question.

CLOCHARD

Dans « les Cloches de la terre », l'historien Alain Corbin a montré à quel point les cloches occupaient une place centrale dans le paysage sonore de nos aïeux. L'angélus rythmait la journée de travail et la prise des repas, le tocsin et le glas annonçaient les événements funestes, d'autres volées en diffusaient de plus heureux, tels la fin de la guerre ou la naissance d'un enfant royal. De nos jours encore, en Lozère, par temps de grande neige et de tempête, on fait sonner les clochers de tourmente, pour guider à l'oreille les voyageurs égarés. De même, le clocher, le beffroi, édifices culminants des bourgades, servaient de référence visuelle, et celui qui perdait de vue son clocher se sentait brutalement comme à l'autre bout du monde...

La cloche, donc, référence rassurante, gage de sécurité, lien rattachant à la communauté, martelant la régularité des travaux et des jours. Comment se fait-il alors que la cloche désigne aussi le monde de ceux qui vivent à la rue, inadaptés ou rétifs aux contraintes sociales, ceux qu'on appelle les clochards ? L'explication vient d'ailleurs : dans le langage populaire, ce qui cloche, c'est ce qui va de travers, ce qui ne marche pas comme il faut. Le verbe clocher serait né d'une déformation du bas latin *cloppus*, « boiteux ». Le clochard, c'est le boiteux social.

Et la clochard ? C'est un fruit. Une poire en forme de cloche ? Pas du tout : une pomme, et tout ce qu'il y a de plus rond. D'où vient alors ce nom ? Face au silence gêné des étymologistes distingués, la « sagesse populaire », relayée çà et là par un marketing malin, lui trouve des origines aussi charmantes que douteuses, et qui se rattachent généralement à la vie qu'on prête aux vagabonds. Est-ce un prince qui la nomma reinette clochard, ayant trouvé au pied d'un pommier ce fruit à la peau toute ridée mais à la chair délicieuse ? Doit-elle son nom au fait qu'on la conservait idéalement à la belle étoile couchée sur de la paille, ainsi que dormiraient les clochards ?

Rien n'interdit d'imaginer…

CLOPE

Quand une cigarette rougeoie dans la nuit, ne croit-on pas voir briller l'œil d'un cyclope ? C'est peut-être cette observation qui inspira les fumeurs du début du siècle dernier quand ils se sont amusés à transformer la ci-garette en ci-clope. Ces jeux de substitution se rencontrent souvent dans le français populaire : c'est de la même façon que bouteille est devenue boutanche, que le biceps est devenu biscoto. Avec le temps, par aphérèse cette fois, le cyclope est devenu le clope. C'est ainsi que, tel le couteau de Lichtenberg, ce couteau sans lame auquel il ne manque que le manche, un clope est une cigarette sans garette à laquelle ne manque que le ci. *Un* clope, dites-vous ? Dans les premiers temps, à savoir vers 1900, aucun doute : le clope, comme le cyclope, est masculin. Puis, par influence du mot d'origine, qui décidément est toujours là sans être là, le clope tend à virer de bord et voici que les deux genres coexistent au milieu du siècle, avec un avantage sans cesse croissant pour le féminin. De nos jours, la clope s'impose, le clope se fait plus discret, même si, telle une volute lexicale, le flou demeure dans le genre.

Mais la clope et le clope, est-ce vraiment la même chose ?

Pas tout à fait. Certains auteurs diront « la clope » pour la cigarette entière, et réserveront le masculin pour le mégot. Jean Genet écrit dans *le Condamné à mort* (s'accordant au passage une variante orthographique) :

> *Je vois les corps penchés de quinze à vingt fagots*
> *Autour du mino blond qui fume les mégots*
> *Crachés par les gardiens dans les fleurs et la mousse.*
> *Un **clop** mouillé suffit à nous désoler tous.*

C'était au temps où les cigarettes françaises n'avaient pas de filtres, et où quelques clopes glanés permettaient de rebâtir une clope entière.

COCHE

Les coches : pour une seule et même orthographe, une seule et même prononciation, nous voici face à quatre mots différents, quatre sens différents, quatre origines différentes, également répartis entre les deux genres.
Démêlons tout cela.
La coche peut être la femelle du cochon. Le terme est plus désuet que truie, et guère moins injurieux que cochonne lorsqu'on l'applique à une personne. Il vient directement du mot cochon, lui-même d'origine inconnue.
La coche peut être un synonyme d'entaille, d'encoche. Là aussi le terme est vieilli. Il a pour origine le latin populaire *cocca*, qui veut justement dire entaille.
Passons aux masculins. Le coche peut désigner l'ancêtre de la diligence. Ce moyen de transport était très répandu à en croire le nombre d'expressions qu'il a inspirées : rater le coche, c'est manquer de saisir une opportunité fugace ; être la mouche du coche, c'est s'agiter en tous sens sans parvenir à se rendre utile ; et

nos portes cochères doivent leur nom au fait qu'un coche pouvait les emprunter. Dans ce cas, le mot vient probablement du hongrois *kocsi*, « grande voiture couverte ».

Le coche peut être enfin un grand bateau de rivière hâlé par des chevaux. Il constitue alors un emprunt à la langue néerlandaise.

En nos temps scientifiques, utiliser un même nom pour désigner tant de choses différentes peut paraître bien peu rationnel. Oui mais voilà : une langue, ce n'est pas rationnel. Elle n'est pas une norme préétablie. Elle naît d'un écheveau de processus de formations parallèles ou croisés, qui parfois s'ignorent, parfois s'influencent, parfois coexistent sans s'influencer. Et quoi qu'il en soit, dans le cas qui nous intéresse ici, on peut très bien se faire comprendre en ayant un seul mot et un seul genre pour parler soit d'un cochon femelle, soit d'une entaille. Quand on dit qu'un naufragé trace une coche sur un tronc pour compter chaque jour qui passe, on l'imagine mal en train de dessiner une truie. Le contexte suffit à dissiper les ambiguïtés.

Par contre, pour ce qui est des deux autres coches, le bateau et la diligence, une confusion est plus probable. Un esprit carré jugerait bon qu'on les distingue, par exemple en leur attribuant un genre différent. Eh bien, à en croire la littérature spécialisée, c'est exactement le contraire qui s'est produit. Quand il apparaît au Moyen Âge, le coche d'eau est un mot féminin. Au XVIe siècle, voici que le coche à cheval débarque de Hongrie, à la fois via le vénitien (*cochio*), où il est masculin et via l'allemand (*Kutsche*) où il est féminin. Dans un premier temps, le coche à cheval hésite entre les deux genres puis, allez savoir pourquoi, il choisit le masculin. Qu'advient-il alors de la coche d'eau ? « Sous l'influence » de l'autre coche, disent les sources, elle tend à virer aussi sa cuti. Bilan des courses : le dictionnaire de l'Académie française de 1694 donne le coche à cheval uniquement masculin, et pour le coche d'eau précise qu' « en cette signification certains le font féminin ». Soixante-huit ans plus tard, les « certains » en question auront disparu des tablettes, et tout le monde dit le coche, qu'il aille sur l'eau ou sur les routes.

Ainsi voyage parfois le genre des mots, balançant entre la tentation d'imiter et l'opportunité de distinguer.

COCO

Petit mot sonore et plaisant, le coco a fait son trou dans bien des domaines de notre langue : coco de cocotte, coco de Paimpol, Coco Boer ou coco de la fête de l'Huma (respectivement œuf de poule, haricot blanc, friandise en poudre, communiste), les cocos sont partout ! Tous ceux-ci sont masculins, de même que le coco de la noix de coco.

En employant çà ou là l'expression « à la noix de coco » pour qualifier une chose ou une personne sans grande valeur, Marcel Proust méprisait à tort ce fruit miraculeux : pulpe de coco que l'on mange, lait de coco que l'on cuisine, eau de coco que l'on boit, fibre de coco dont on fait des tapis-brosses, huile de coco dont on tire des produits de nettoyage et de cosmétique, ses usages sont multiples, et bienheureux le naufragé de nos histoires d'enfance, qui a pour seul compagnon sur son île un cocotier.

Le coco tue-t-il ? Certains le prétendent. Ils avancent même des chiffres : 150 morts par an, rien que par la chute de ce gros fruit dur tombant de son arbre sur des caboches malchanceuses. Faut-il les croire ? Non. Certes, ce genre d'accident arrive bien une fois de temps en temps. Mais il s'avère bien plus dangereux de grimper au cocotier que de passer dessous. Deux récentes études scientifiques l'ont établi (car, oui, chère lectrice, cher lecteur, on fait des études scientifiques sur la chute des noix de coco et leurs conséquences sur les crânes humains). La rumeur est donc pure calomnie. Qui l'a lancée ? On soupçonne les défenseurs des requins. Las qu'on fustige la dangerosité de leur poisson favori, certains d'entre eux ont soutenu qu'ils n'étaient pas plus criminels que les cocotiers. La vérité est rétablie.

La coco tue-t-elle ? Ça, c'est incontestable. Mille overdoses par an en Europe, auxquelles s'ajoutent les dommages collatéraux (crimes liés au trafic, accidents en tout genre, agressions par des cocaïnomanes déjantés ou désargentés...). La coco, c'est l'un des petits noms de la cocaïne, et il ne date pas d'aujourd'hui. On le croise, lui aussi, dans l'œuvre de Marcel Proust : « C'est des gens à prendre de la coco, ils ont l'air à moitié piqués » lit-on dans *le Temps retrouvé*. Est-ce la ressemblance entre les poudres blanches du coco et de la coco qui a inspiré ce diminutif ? C'est fort douteux puisqu'à la Belle Epoque la cocaïne, autorisée et même largement vantée pour ses vertus stimulantes, circulait sous bien d'autres formes : élixirs, pastilles, chewing-gums, vins et boissons diverses dont le fameux Coca-Cola. Car en ce temps-là, on se *schnoufait* à qui mieux mieux, avec l'encouragement des stars en vogue et la bénédiction du corps médical.

L'emploi de « coco » pour « cocaïne » ne semble avoir d'autre fondement que le jeu des sonorités. Et puis cocaïne, ça fait médoc. Coco, c'est plus rigolo. « Tout ce qui est dégueulasse porte un joli nom » écrivait Allain Leprest, qui était lui-même un sacré coco.

COKE

Pour le jeune lecteur d'aujourd'hui, le titre *Coke en stock* a de quoi dérouter : pourquoi diable l'odieux Rastapopoulos, l'ennemi juré de Tintin, dissimule-t-il son trafic d'esclaves en mer Rouge en le faisant passer... pour un trafic de drogue ? Dissipons tout malentendu auprès des générations nouvelles. Dans cette aventure publiée en 1958, Hergé ne faisait évidemment pas référence à la coke. Cet anglicisme synonyme de cocaïne n'avait pas alors pénétré nos contrées. Il parlait du charbon artificiel issu de la houille, appelé le coke. Le terme était alors très répandu dans sa Belgique natale, où l'industrie minière constituait le décor et le gagne-pain d'une grande partie de la population. Avant de connaître le même déclin qu'en France.

COMICE

Un comice est un rassemblement de cultivateurs et de propriétaires agricoles. Ils s'y proposent d'échanger leurs expériences afin d'améliorer leurs méthodes de productions et le résultat de leurs récoltes. Ces réunions à la fois professionnelles et festives apparurent en France à la fin du XVIIIe siècle, sous le règne de Louis XVI. A cette époque se lève le vent du progrès. Le haut du pavé de la pensée économique est alors tenu par les physiocrates. Ces précurseurs du libéralisme défendent que la richesse d'un pays est avant tout produite par le travail, et que la seule vraie production est l'agriculture. Qu'on se le dise : la nature est là pour que l'homme l'exploite ! C'est dans cet esprit que l'on crée les comices, outils de modernisation des pratiques agricoles. Après la parenthèse révolutionnaire qui interdit toute forme d'association, ils se développent partout en France, avec l'encouragement des pouvoirs publics. À tel point que la pratique perdure de nos jours. Le salon annuel de l'agriculture constitue à sa façon une espèce de supercomice.

Les comices ne se contentent pas d'organiser des colloques, des concours et des repas plantureux. Ils mènent leurs propres expérimentations, ont leurs propres plantations. Ainsi, en 1849, le jardin du comice d'Angers fait naître une admirable poire, grâce aux bons soins du jardinier Hilaire Dhommée et sous l'égide de son directeur Pierre-Aimé Millet de la Turtaudière. Pour célébrer sa quasi-perfection, on la baptise le (pas encore la) doyenné du comice et on la met sur les rails d'un destin international. Dès 1851, elle part en Amérique ! Et en 1894, le journal horticole de Londres l'élit « *Best pear of the world* » : la meilleure poire du monde !

Le XXe siècle en fera une des poires les plus consommées en France. Dans le langage courant, le doyenné du comice deviendra la poire comice, puis, par ellipse et au mépris du genre d'origine, la comice.

COTTE

La cotte désigne plusieurs types de vêtement. Il peut s'agir d'une ancienne jupe plissée, d'un pantalon de protection porté autrefois par les ouvriers, ou d'une tunique de velours ou de laine en usage au Moyen Âge. On se souvient aussi de la cotte de mailles, gros pull en métal censé résister aux flèches ennemies. Une sorte de gilet pare-balles d'avant les balles. Le soldat romain portait quant à lui une cotte d'armes, tunique de peau renforcée par des lanières de cuir. C'était moins sûr, mais au moins c'était moins lourd.

De son côté, le cotte est un petit poisson comestible, parfois appelé chabot.
Les deux mots sont des homonymes sans parenté.

COUPLE

Couple vient du latin *copula*, qui signifie chaîne. Engageant, non ?
Le mot a d'abord été féminin. Dans le monde de la chasse, la couple est le lien avec lequel on attache deux chiens ensemble, ou plus largement deux animaux de même espèce. Par métonymie, elle en est venue à désigner la réunion de deux animaux, puis de deux objets identiques. Coupler (deux ordinateurs, deux véhicules,...) ce n'est donc pas créer un couple, mais une couple.
Attention : la couple n'est pas la paire. La première est une association occasionnelle, la deuxième une association habituelle. Une chaussure gauche avec sa chaussure droite, c'est une paire. Deux chaussures gauches ensemble, c'est une couple. Sauf pour ceux qui ont deux pieds gauches.
Désuète en France, la couple est encore d'usage fréquent au Québec. Son sens y est d'ailleurs plus étendu. A l'imitation de l'anglais *a couple of*, une couple

québécoise peut réunir plus de deux semblables. Une couple d'années, cela peut durer trois, quatre, cinq ans, un peu comme on dira « une paire d'années » de ce côté-ci de l'Atlantique.

En revanche, un couple réunit toujours deux, et seulement deux personnes. De quelles personnes peut-il s'agir ? Là, on lève un lièvre.
Jusqu'en 2005, le *Petit Larousse illustré*, alias le *Pli*, définissait le couple ainsi : « *Homme et femme unis par le mariage ou par des liens affectifs.* »
Pour l'édition 2006, une petite révolution se produit puisque la définition devient : « *Personnes unies par le mariage, liées par un pacs ou vivant en concubinage.* »
Toute mention explicite du genre des personnes a donc disparu. Il en est de même dans toute la suite de l'article, du moins tout ce qui concerne les êtres humains : les couples d'animaux, eux, se doivent toujours d'être constitués d'un mâle et d'une femelle. Sinon, c'est une couple, ou une paire.
Que s'est-il donc passé, en ce torride été 2005, dans la vie et dans le cœur des augustes rédacteurs de notre *Pli* national, pour que s'opère un tel revirement ?
Ils ont tout simplement lu la loi. Plus précisément la loi du 15 novembre 1999, qui établit l'existence du Pacte civil de solidarité. Cette nouveauté implique une

définition juridique du couple plus étendue, incluant le cas de la réunion de deux personnes du même sexe. C'est à cette définition juridique que s'est manifestement rallié le *Petit Larousse*, se conformant en cela à un usage désormais courant du mot couple dans le langage commun.

Et chez la concurrence, qu'en est-il ?
Le *Petit Robert*, lui, n'a pas fléchi. Pour lui, en 2013 comme avant, un couple c'est toujours et en premier lieu « *un homme et une femme réunis* », et tout spécialement « *un homme et une femme vivant ensemble, mariés ou non* ». Et, si l'on en croit les exemples cités dans l'article, à l'expression « *couple homosexuel* » il préfère celle d'« *homosexuels qui vivent en couple* ». Surprenante résistance aux nouveautés de l'usage, bien inhabituel chez le vieux « Bob »...
Et l'Académie française, qu'est-ce qu'elle nous dit, l'Académie française ? Oh ! vous savez, les immortels, faut pas trop les bousculer. Leur dernière définition du mot couple date d'il y a vingt ans et au rythme où vont leurs travaux...
Remarquons toutefois qu'en 1932, c'est-à-dire pour l'édition précédente (quand on vous dit qu'il ne faut pas les bousculer !), ils écrivaient au mot couple : « *Deux*

personnes unies ensemble par amour ou par mariage ». En 1992, ils ont tenu à rajouter la précision : « *Deux êtres humains* de sexe opposé, *unis par amour, par mariage, par métier* ». Les petits hommes verts, réactionnaires ? Qu'allez-vous donc imaginer ! Mais que voulez-vous, quand on a en permanence deux ou trois ecclésiastiques dans ses rangs, on se forge une certaine conception de la morale. Et on s'y tient.

Par ailleurs : dans l'emploi des mots couples et paires, les commentateurs sportifs s'accordent quelques dérogations. Pour eux, un cavalier et son cheval, c'est un couple. Quel que soit le sexe de l'un et de l'autre. En revanche, d'un double de tennis, qu'il soit messieurs, dames, ou mixte, ils diront volontiers que c'est une paire, jamais que c'est un couple. Sans doute pour éviter les malentendus. Comme le répétaient les Inconnus dans leur parodie de l'émission *Stade 2* : la vie privée des sportifs, « *cela ne nous regarde pas !* »

CRÉOLE

Comme le basque (voir ce mot), le créole est d'abord un mot épicène désignant une population, celle des blancs nés et vivant aux Antilles ou à la Réunion, et ce depuis plusieurs générations. Parmi eux restent encore d'authentiques békés, descendants des premiers arrivants français dans les Caraïbes.

Mais le créole désigne aussi un système de langue. Pas celle des susdits créoles, mais bien au contraire celle des descendants de leurs esclaves. Ce parler, ils l'ont fait naître en mêlant leurs langues africaines d'origine au français de leurs maîtres. Ce processus de créolisation s'est produit en maints endroits de la planète, un peu partout où l'esclavage et le colonialisme ont imposé leur loi aux peuples autochtones ou déplacés de force. Autant dire qu'on parle des créoles un peu partout dans le monde : on estime qu'il en existe 127, dont 35 à base d'anglais et une quinzaine à base de français.

Et les créoles au féminin ? Ce sont de larges anneaux d'oreilles telles qu'ont coutume d'en porter les femmes antillaises. Pas les femmes créoles blanches, les autres. Lourde ambiguïté qui veut qu'un même mot évoque à la fois le descendant de l'esclavagiste, et la culture du descendant de l'esclave.

CRÊPE

La crêpe est une fine galette à base de farine, de lait et d'œufs, que l'on saisit sur une poêle très chaude. Croyez-en le Breton qui écrit ces lignes : les crêpes, c'est toujours un peu la fête. Curieusement, le mot vient du latin *crispus* qui signifie ondulé, alors que par définition, la crêpe est rigoureusement plate. Ne dit-on pas s'aplatir comme une crêpe ? C'est plus logiquement que ce même *crispus* a donné le crêpe, étoffe de laine ou de soie à l'aspect ondulé et faite de fils tordus tissés entre eux. Le crêpe, ce n'est pas toujours la fête : au siècle dernier, le voile de crêpe noir se portait en signe de deuil, noué au bras des hommes ou au chapeau des dames.

L'apparence grumeleuse du crêpe a aussi inspiré le nom de ces semelles de chaussures en latex, plus appréciées pour leur solidité que pour le petit bruit ridicule qu'elles émettent quand on tourne les talons. Autrefois en caoutchouc naturel, ce crêpe est de plus en plus fabriqué en matière synthétique.

Selon certaines sources, le trente-neuvième anniversaire de mariage est l'occasion des noces de crêpe. S'agit-il de la crêpe qui s'aplatit ? Du crêpe qui signe le deuil ? Du crêpe qui couine un peu mais qui résiste quand même ? A chacun de voir…

CRITIQUE

La critique, c'est le fait d'émettre un jugement sur une œuvre, une action. Le critique, c'est celui qui émet ce jugement. Au féminin le concept, la chose produite. Au masculin l'agent, celui qui fait (voir le mot cache). Et si l'agent est une femme ? On dira aisément une critique, le mot étant épicène.

CURIE

Dans l'Antiquité, la curie était le sénat romain, et par extension celui d'autres grandes villes de l'empire. Le terme s'emploie encore à Rome, puisqu'il désigne aujourd'hui l'ensemble des administrations et des institutions gouvernementales du Saint-Siège.
Le *Robert des noms propres* n'établit aucun rapport entre cette curie-là et l'origine du nom de mariage de la plus célèbre des physiciennes, j'ai nommé Marie Curie. Il rapproche plutôt ce dernier de l'écurie, qui aurait perdu son initiale en route. Evidemment, c'est moins chic.
Mais comme on le sait, les époux Curie ne doivent qu'à eux-mêmes la grandeur de leur patronyme. Le monde scientifique reconnaissant voulut très tôt saluer leur glorieux nom en l'attribuant à une unité physique. C'est

ainsi qu'au congrès de radiologie de Bruxelles de 1910, quatre ans après la mort de Pierre, et du vivant même de Marie, fut décidé qu'un Curie (symbole : Ci) correspondrait au nombre de désintégrations par seconde d'un gramme de radium. Certes, on n'emploie pas ce genre de grandeur aussi souvent que le kilogramme, mais l'hommage constituait en soi une petite révolution : c'était la première fois qu'une unité portait un nom de femme (associée à son mari, toutefois).

Pourquoi un curie, et pas une curie ? La communauté scientifique de l'époque, qui comptait bien peu de militants féministes dans ses rangs, avait pris le pli d'adopter le genre masculin pour tous les noms d'unités donnés en souvenir de glorieux prédécesseurs, eux-mêmes tous masculins : Kelvin, Tesla, Weber, Watt, Joule, Pascal, tout ça c'est du un, jamais du une. Et de façon générale, rares étaient alors les unités féminines : la calorie, la mole, la dioptrie, et c'est à peu près tout. Plus tard viendra la candela, une unité d'éclairement. En 1975, la situation s'aggrave encore : la Conférence générale des poids et mesures, grande ordonnatrice du Système international d'unités, se refuse à y intégrer le curie et préfère introniser le becquerel. Exit Marie, restons entre hommes.

Plus aucune femme n'aurait alors le droit à

« son » unité ? En se penchant sur la question, on finit par croiser le nom de Maria Goeppert-Mayer, co-Prix Nobel de physique en 1963. Cette scientifique américaine d'origine allemande a donné ses initiales GM (même pas son nom) à une unité servant à mesurer l'absorption à deux photons, phénomène qu'elle fut la première à théoriser, et qui est à la base de la technologie du laser. Ouf ! L'honneur féminin est sauf... ?

D

DÉCIME

Partir en guerre, mener une croisade, ça occupe mais ça coûte cher. Pour de telles occasions, les rois de France, non sans l'accord des autorités papales, pouvaient lever des impôts sur les revenus du clergé. Les sommes perçues s'élevaient à un dixième des montants taxés, d'où leur nom de décime. La part de contribution variera plus tard avec les besoins du moment.
Attention : la décime n'est pas la dîme. Cette dernière était prélevée, non pas sur, mais par l'Église, sur les récoltes des fidèles, également à hauteur de dix pour cent.

Et la décime n'est pas non plus le décime. La première est royale, le second est républicain : c'est ainsi qu'en droit fiscal actuel on appelle les dix pour cent de majoration pratiqués sur un impôt ou sur une amende, en cas de retard de paiement.

Le décime fut aussi le nom donné sous la Révolution au dixième du franc, lorsque celui-ci devint l'unité monétaire officielle de la République.

DORIS

De nombreux prénoms sont aussi des noms communs : Olive et Olivier, Clarisse, Reine, Fiacre, Robert, et tout un bouquet de fleurs : Angélique, Marguerite, Violette, Véronique... Quelques-uns ont la particularité de changer de genre au passage : la serge est un tissu, le virginie un tabac, un isabelle un cheval à la robe jaune pâle.
Le prénom Doris, de même que Barbe, Marine, Napoléon, Rose et Victoria, fait encore plus fort, puisqu'il est à la fois l'homonyme d'un nom masculin et d'un nom féminin.
La doris est un mollusque marin dévoreur d'éponges, tandis que le doris est un bateau de pêche qu'utilisent les terre-neuvas. Le nom de la première vient sans conteste de Doris, la mère des Néréides, les cinquante nymphes aux cheveux longs qui entouraient Poséidon. Cette déesse marine aurait-elle aussi donné son nom à un bateau ? C'est tentant de le croire, c'est abusif de l'affirmer. Une brume épaisse plane sur l'origine du mot doris au masculin.

DOUDOU

Doudou est un hypocoristique. Rassurez-vous, ce n'est pas contagieux. Les linguistes emploient ce terme aux allures médicinales pour désigner ce qui exprime la tendresse, l'affection. En ce qu'elles rappellent l'enfance, les syllabes redoublées ont souvent cet effet-là : chouchou, toutou, mimi, tata,... Mais ce n'est pas systématique : gnangnan et neuneu sont peu flatteurs, toc-toc et gaga confinent à l'insulte.

Le doudou est l'objet fétiche du bébé et du jeune enfant. Non seulement il est doux, mais en plus il est doux. D'où doudou.

Puis vient l'âge de délaisser son doudou, pour... sa doudou ! Aux Antilles, c'est la petite amie, l'amoureuse. Non seulement elle est douce, mais en plus elle est douce. Alors, pourquoi la doudou plutôt que la doudouce ? Dans le créole antillais, l'accord de l'adjectif est un phénomène marginal : ainsi dou vaut pour le masculin comme pour le féminin. Dans le français de métropole, ça ne se passe pas comme ça : le chouchou donne la chouchoute, le loulou donne la louloute, le foufou donne la fofolle. Et le toutou donne la papatte. C'est ainsi que la doudou s'est imposée, avec la nounou, comme un des deux seuls mots en *-ou* du français courant qui sont féminins.

DOYENNÉ

Le doyenné est la maison ou le territoire du doyen. Il ne s'agit pas ici de l'homme le plus âgé d'un groupe, mais du curé-doyen, l'ecclésiastique qui a sous sa responsabilité plusieurs paroisses, et sert d'intermédiaire entre ces paroisses et les autorités épiscopales.

C'est dans le jardin d'un de ces doyennés que naquit la fameuse comice que nous évoquions plus haut. Comme on l'a vu, la poire du doyenné de comice est devenue par ellipse la doyenné du comice, puis la doyenné pour certains, la comice pour d'autres.

DRILLE

Un drille est-il toujours joyeux ? C'est le cas dans l'usage actuel du mot, qui en fait un équivalent de luron. Mais il y a un gros siècle, il servait encore à désigner un soldat vagabond. Aussi croisait-on dans les campagnes d'autrefois, des pauvres drilles sans joie aucune.

Le drille ne maniait pas la drille. Il laissait ce soin aux bijoutiers. La drille est en effet un petit foret utile aux travaux les plus minutieux. Les deux drilles sont très probablement étrangers l'un à l'autre : le masculin est d'origine inconnue, le féminin vient du néerlandais où il a un sens similaire.

E

ENSEIGNE

« Les femmes ne peuvent, par nature, ôter la vie puisque leurs menstruations sont la garantie même de la pérennité de la Nation ». Ce genre d'argument édifiant, cité par Elodie Jauneau dans le numéro de la revue *Clio* consacrée aux héroïnes, a longtemps justifié que l'armée exclue de ses rangs le sexe dit faible. Ce n'est qu'en 1938 que la loi Paul Boncour lui entrouvre timidement la porte de la caserne. Les femmes peuvent alors s'engager, mais sous statut civil, et pour des tâches limitées : infirmières, cantinières, puis ambulancières. La Résistance mettra un coup d'accélérateur à la féminisation de l'uniforme. À partir de là, les femmes grignoteront lentement mais sûrement une place à part entière dans l'armée française. Et c'est en avril 2014, que le dernier bastion tombe : il y aura des femmes à bord des sous-marins. Ainsi en a décidé le ministre de la Défense. Si l'armée a longtemps refusé de féminiser ses rangs, elle a été beaucoup moins regardante sur son vocabulaire. En français, on a vite fait l'inventaire des noms féminins qui peuvent éventuellement désigner des hommes. Parmi eux, victime, vedette, personne et toute une tripotée d'injures : andouille, canaille, fripouille. Curieusement le vocabulaire militaire les collectionne : la sentinelle, la vigie, la recrue, l'estafette... A contrario, certaines métonymies s'accompagnent d'une inversion du genre. C'est le cas pour un aide (voir ce mot). Il en va de même pour l'enseigne. Une enseigne, c'est un drapeau qui identifie un bataillon, un navire. Un enseigne, c'est le militaire qui porte cette enseigne. Par extension, le terme est devenu un grade de la marine (enseigne de vaisseau). Preuve est faite que depuis belle lurette, la Grande Muette pratique allègrement la confusion des genres.

ÉPIGRAMME

Les dictionnaires usuels proposent une vingtaine de mots finissant par gramme. On peut grossièrement les regrouper en trois familles.
Première famille, les unités de masse. Ce sont tous les multiples du gramme. Le commun des mortels pratique couramment le kilogramme, le centigramme, le

milligramme, éventuellement le décigramme, l'hectogramme... Le monde scientifique voyage quant à lui du yoctogramme (un million de milliards de milliards de fois plus petit que le gramme) au yottagramme (un million de milliards de milliards de grammes). Un iota, c'est trois fois rien. Un yotta, c'est beaucoup plus. Tous ces termes sont masculins, comme le gramme.

Deuxième famille, les représentations graphiques ou écrites en tout genre, réalisées par la main de l'homme ou obtenues par une machine. Tous ces termes sont construits avec le suffixe -*gramme*, venant du grec *gramma* signifiant lettre, écriture. Ils relèvent généralement du registre scientifique et technique : télégramme, électroencéphalogramme, hologramme, parallélogramme... ou en tout cas pratiques : diagramme, programme, pictogramme. Ils sont tous masculins sans exception.

Troisième famille : les termes littéraires. Et là, le genre n'est plus systématique. Les plus récents sont masculins : calligramme, tautogramme, lipogramme, sans doute sous l'influence du gramme et de ses multiples. Seuls les deux plus anciens sont féminins : l'anagramme et, donc, l'épigramme.

Qu'est-ce qu'une épigramme ? C'est un court poème, le plus souvent un quatrain, où l'auteur emploie tout son esprit à subtilement assassiner son prochain. Citons

Voltaire, un des spécialistes du genre, qui s'y prenait là à l'un de ses nombreux ennemis :

> *L'autre jour au fond d'un vallon,*
> *Un serpent piqua Jean Fréron ;*
> *Que croyez-vous qu'il arriva ?*
> *Ce fut le serpent qui creva.*

C'est assez vache, mais c'est assez drôle. Telle est la loi de l'épigramme.
La pratique est quatre fois millénaire. Les Grecs en raffolaient, le roi Henri IV aussi. On raconte qu'un soir où il dînait entouré de sa cour, il exprima son admiration pour certains de ces poèmes qu'il venait de lire. Un des convives, ignorant de ce qu'était une épigramme, crut que le roi parlait en fait des tranches d'agneau qu'on lui avait servies. La confusion dut faire le tour de Paris, puisque le nom resta au plat en question. Et nous parvint. Confusion pour confusion, le genre changea dans l'aventure. Ce qui permet de ne plus se méprendre entre des épigrammes bien épicés et des épigrammes bien piquantes.

ERSE

Au masculin, l'erse est la langue celtique parlée dans les Highlands, là-haut dans les froidures du nord de l'Ecosse. Le mot vient d'une déformation d'*irish*, irlandais en langue anglaise.
Au féminin, l'erse est un anneau de cordage utilisé dans la marine. Les deux mots n'ont aucune origine commune.

ESCARPE

Une escarpe est un talus en terre ou en maçonnerie qui se trouve à l'intérieur d'un fossé d'enceinte. À l'extérieur, se trouve son pendant, la contrescarpe, qui a donné son nom à une bien jolie petite place du quartier Mouffetard à Paris. Par là passait le mur d'enceinte édifié sous Philippe-Auguste pour protéger la ville.
Aujourd'hui la Mouffe a tout pour plaire au gentil touriste. Mais il y a 150 ans, la rue avait plutôt des allures de boyau sordide. Et l'on risquait fort d'y tomber sur un escarpe, un malfrat prêt à tuer pour détrousser le bourgeois de passage.
Les deux termes ont des origines toutes différentes : la première est un emprunt à l'italien, le second dérive

sans doute d'*escarpi*, un verbe provençal signifiant mettre en pièces, un cousin des mots écharper et charpie.

ESPACE

Espace insterstellaire, espace vert, espace vital, l'espace d'un instant, espace culturel… Au masculin, le mot espace est mis à toutes les sauces et à tous les sens. Les typographes, qui sont décidément des gens rationnels (voir le mot casse), ont eu la bonne idée de ne pas en rajouter. C'est ainsi que dans leur métier, on appelle une espace la petite barre de métal qui sert à séparer les mots. Par extension, le blanc qui en résulte à l'impression porte le même nom, avec le même genre.

F

FAUNE

De même que la flore est l'ensemble des végétaux qui croissent en un lieu, la faune est l'ensemble des animaux qui y vivent. Le mot vient de Faunus, dieu latin qui protégeait les troupeaux, les défendant notamment contre les loups. C'était un peu le pendant romain du dieu grec Pan. Et de même que Pan avait ses satyres, Faunus était entouré de ses faunes. Espiègle et passablement lubrique, le faune, humain un peu chèvre sur les bords, vivait dans les champs, s'adonnant aux travaux agricoles. A eux tous, les faunes composaient une joyeuse faune. Car ce terme peut aussi désigner l'ensemble des personnes habituées d'un lieu, et qui témoignent de moeurs particulières, voire interlopes, mais pas forcément bucoliques.

FAUX

Le faux, c'est ce qui est faux, ce qui constitue un mensonge, une contrefaçon, une imitation destinée à abuser.

La faux est un instrument agricole au long manche et à la lame arquée, qui sert à couper les foins et les hautes herbes. C'est l'attribut de la faucheuse, l'allégorie de la mort.

Si on écrit le faux depuis des siècles, on a d'abord écrit la faulx, héritage de l'ancêtre latin *falcis*. Les lexicographes du XIXe siècle bataillèrent pour que l'on conserve ce petit *l* qui faisait toute la différence. « *L'étymologie doit, toujours, être la règle, la raison de l'orthographe, lorsque deux mots ont la même consonance sans avoir le même sens* » recommandait Napoléon Landais en 1834 dans son *Dictionnaire général et grammatical des dictionnaires* qui eut son heure de gloire.

Louable vœu, mais vœu vain. Une fois encore, l'usage a préféré faire au plus simple et au plus économique. Si bien qu'aujourd'hui, la faux est la copie du faux.

FIN

La fin c'est le point où les choses ou les durées arrivent à leur terme. Mais ce peut être aussi l'objectif que l'on poursuit, celui qui, selon l'adage, justifie les moyens.
Le fin du fin, c'est le must, le nec plus ultra. Le mot est alors la substantivation de l'adjectif fin, dans son sens de raffiné.
Les deux mots ont la même racine latine, *finis*, qui veut dire extrémité.

FINALE

La finale est la dernière syllabe d'un mot. C'est aussi l'ultime rencontre d'une compétition par élimination, épreuve à l'issue de laquelle est désigné le grand vainqueur.
Le finale, c'est le dernier morceau d'un opéra, d'une œuvre musicale. Le mot a été calqué sur l'italien *finale*, où il a le même sens.
Certains auteurs, dont Alfred de Musset, ont rechigné à conserver son *e* final au finale, qui lui confère une terminaison typiquement féminine.
Mais une question nous vient alors à l'esprit : en vertu de quoi les mots finissant par un *e* muet devraient-ils

nous paraître plus féminins que les autres ? Ce curieux penchant ne date pas d'hier. Selon Henri Estienne, vibrant philologue de la Renaissance et ardent défenseur du beau langage, le *e* muet implique une prononciation « plus faible, venant de l'impuissance des femmes et des Italiens (sic) à articuler énergiquement, virilement, comme le demande le français » car « l'articulation [...] des voyelles ouvertes demande une maîtrise de la volonté sur le corps dont ils sont empêchés par leur indolence naturelle ». Et voilà pourquoi, mesdames, votre *e* est muet, alors que le *a*, lui, est un mâle, un vrai.

Un siècle plus tard, Furetière enfonce le clou : selon lui, les rimes féminines sont des terminaisons « dont la prononciation est sourde et imparfaite, qui souffre l'élision et qui ne se compte que pour une demi-syllabe ». À sexe faible, faible voyelle...

FLASQUE

Une flasque est un petit flacon plat. Le mot vient de l'allemand *flaske*, ou *flaska*. Sans doute est-il aussi cousin de la fiasque, la bouteille garnie de paille typique du chianti. Le mot conserve ici son genre d'origine.

Un flasque est une pièce peu épaisse, en bois ou en

métal, qui sert de support à une autre. Le terme vient alors du néerlandais.

Non seulement les deux flasques ne sont en rien apparentés, mais ils n'ont aucun rapport direct non plus avec l'adjectif flasque, qui veut dire mou, sans fermeté ni vigueur. À nouveau, des mots distincts, d'origines diverses, convergent vers une même orthographe, une même prononciation.

FLÈCHE

La flèche peut désigner une flopée de choses pointues : le projectile de l'arc, la pointe du clocher d'une église, un trait d'esprit acéré, le bras d'une grue... C'est aussi une longue pièce de lard, découpée sur le porc entre l'épaule et la cuisse. Il n'y a que les marins pour employer le mot au masculin : pour eux, le flèche est une voile qui flotte dans la partie haute d'un mât, au-dessus de la grand-voile.

FOUDRE

La foudre est avant tout la colossale décharge électrique qui se produit par temps d'orage entre les nuages et la terre. On dit toujours que la foudre tombe, alors que parfois, elle monte. Dans le cas d'une foudre descendante, les électrons accumulés dans les nuages se frayent un brutal chemin vers le sol. Dans le cas d'une foudre ascendante, ils vont dans l'autre sens.

Le mot est très ancien puisqu'on l'atteste vers 1100. Ce qui lui a laissé le temps de faire des petits, et des deux genres. Voyons d'abord les féminins.

La foudre divine, c'est la colère de Dieu. De même, les foudres de la loi, de l'Église sont des réprobations, des condamnations venues de haut lieu, comme tombées d'un ciel. On peut aussi employer le mot au féminin pour parler de la puissance d'une arme à feu.

Du côté des masculins maintenant : un foudre de guerre, c'est un capitaine qui accumule les succès retentissants, et par extension un combattant impressionnant d'efficacité. Ici, le mot cesse d'être féminin, sans doute parce qu'il est appelé à désigner un homme, même si le vocabulaire guerrier n'est pas toujours très tranché quant au choix des genres (voir enseigne). Les héraldistes aussi disent *le* foudre : c'est la représentation d'un faisceau de flammes montantes et descendantes. De même sont masculins les foudres de Zeus, ces éclairs qu'il tient en main pour en menacer ceux qui provoquent... ses foudres.

Masculin, féminin, entre les deux il balance. Le mot

foudre et ses multiples acceptions datent d'un temps où le genre des mots naviguait plus aisément qu'aujourd'hui. C'était avant les obsessions normatives et classificatrices de l'époque classique, préfigurant celles de nos siècles scientifiques.

Il manque un foudre à l'appel, le fameux gros tonneau pouvant contenir jusqu'à 300 hectolitres. Il n'est pas de la famille : il vient de l'allemand *Fuder* qui signifie tonneau.

G

GALA

Le gala est une fête ou un spectacle somptueux, ou qui prétend l'être. C'est à l'occasion d'un gala qu'il convient de porter ses galons, et de se montrer galant (le mot a d'abord voulu dire « bien habillé »).
Le terme est un emprunt à l'espagnol, qui lui-même avait chipé au moyen français la *gale*, synonyme de réjouissance. Ainsi il arrive que les mots aillent faire un séjour à l'étranger pour y changer de genre.

La gala est une pomme. Pas spécialement une pomme de gala, puisqu'elle est aujourd'hui très courante en France. D'où vient ce nom ? J.H. Kidd, le pépiniériste néo-zélandais qui lui donna le jour dans les années 20, n'a pas souhaité s'étendre sur le sujet, nous laissant subséquemment dans l'ignorance.

GAMBETTE

Si Mistinguett avait de belles gambettes, la baie de Somme en a des beaux.

Dans le langage populaire, une gambette est une jambe. La parenté des deux mots est manifeste. Pensons à l'adjectif ingambe, littéralement « en jambes » et qui signifie alerte, en pleine forme.
Ici, le suffixe *-ette*, qui confère une idée de petitesse, est un peu trompeur. Si la chambrette est une petite chambre et la poulette une petite poule, la gambette, elle, existe dans toutes les tailles.

Alouette lulu, hirondelle rousseline, capucin bec-de-plomb, lusciniole à moustaches, circaète Jean-le-Blanc, sarcelle élégante, tichodrome échelette... Mais pourquoi donc l'expression « noms d'oiseaux » est-elle synonyme de bordée d'injures ? Parmi les innombrables petits chefs-d'œuvre de poésie ornithologique, on trouve aussi le chevalier gambette, parfois appelé plus simplement le gambette. Cet échassier migrateur vit un peu partout en Europe, avec une préférence pour les estuaires et les marais salants. Ses fines et longues gambettes rouges ne lui servent pas à danser le french cancan, mais à surplomber la vase sans souiller son beau plumage.

GAUCHE

La gauche c'est la position opposée à la droite. Et la droite ? C'est la position opposée à la gauche. Comment dire ça autrement ? Disons que la gauche est du côté du coeur. Mais elle n'en a pas le monopole.
En politique aussi, la gauche est l'opposée de la droite. Enfin en principe. L'appellation vient de l'emplacement qu'adoptèrent les élus les plus révolutionnaires dans l'Assemblée constituante de 1789. De ce fait, les plus conservateurs se sont retrouvés à la droite du président. Dans le même ordre d'idée, trois ans plus tard, on appellera Montagnards les élus de la Convention assis dans les plus hautes travées de l'hémicycle.

Par ailleurs, ce qui est gauche, c'est ce qui n'est pas droit. Dans le vocabulaire de la mécanique, un gauche est un défaut de planéité d'une pièce.
Autre substantivation de l'adjectif : le gauche du boxeur, c'est son poing. Le gauche du footballeur, c'est son pied.

GESTE

Le geste est soit un mouvement du corps, soit un acte généreux. Faire un geste, c'est consentir à donner quelque chose, pour témoigner son soutien ou sa compassion, ou pour couper court à une requête ou lâcher du lest au cours d'une négociation commerciale.

Au Moyen Âge, et ce dès le XIe siècle, la geste était le récit détaillé des exploits d'un héros et de ses compagnons. Cette glorieuse histoire se composait de longs poèmes qu'on appelait les chansons de geste. Ses auteurs s'y appliquaient à muer les grands personnages du royaume, et en premier lieu Charlemagne, en véritables figures de légende, et y vantaient les vertus que tout chevalier se devait de cultiver : honneur, vaillance, fidélité.

Le geste et la geste viennent du même verbe latin, *gerere*, qui signifie faire, accomplir. Leurs sens bien distincts et la différence de genre en font deux mots difficiles à confondre. Sauf dans un cas : que surveille celui qui épie tous vos faits et gestes ? Vos mouvements ou les épopées que vous inspirez ? Le sens de l'expression fait pencher pour le mot masculin. Et pourtant c'est bien le féminin qui est employé ici. Il se teinte alors parfois d'ironie, jouant sur l'idée que le plus infime de vos actes serait digne qu'on en tire un récit légendaire.

GÎTE

Étrange verbe que le verbe gésir. Y a-t-il en français un autre infinitif qui ressemble aussi peu à ses conjugaisons ? Je gis, tu gis, nous gisons... Les étymologistes lui donnent pour origine le latin *jacere*. Vous voyez le rapport, vous, entre *jacere* et gésir ? Décidément, il est bizarre, ce verbe.
Bizarre, mais généreux puisqu'il a donné le gîte et la gîte.
Le masculin a trois sens principaux. D'abord, le gîte est un lieu où l'on trouve à se loger, que l'on soit un humain ou un lièvre. Par ailleurs, le gîte est l'autre nom du jarret de boeuf. Quand on parle de gîte à la noix, on ne signifie pas qu'il est d'une qualité déplorable, mais on évoque la forme du muscle concerné. Enfin pour les géologues, gîte minéral est synonyme de gisement.

Et la gîte ? Comme pour le flèche (voir ce mot), les marins se sont emparés d'un terme pour lui conférer un sens spécialisé et inverser son genre au passage. La gîte est soit le lieu où vient se loger un navire échoué, soit l'inclinaison d'un bateau, la façon dont il gît sur l'eau, du fait du vent ou par suite d'un accident.

GRANULE

Le granule est un tout petit grain de matière. Par exemple, les minuscules graines contenues dans la pulpe des figues méritent le nom de granules.
Le granule est aussi une petite pilule médicamenteuse, contenant une très faible dose de principe actif. C'est sous cette forme qu'on trouve la plupart des produits homéopathiques.
Attention : ne confondons pas granules et granulés, qui sont quant à eux des grains de sucre mélangés à une substance, ainsi plus facile à avaler.

Il en est une qu'on serait bien en peine d'avaler, c'est la granule. Sa taille avoisine généralement les 1000 kilomètres et sa température dépasse les 5000 degrés. Elle s'étend à la vitesse de plusieurs kilomètres par seconde, apparaît, croît, décroît et meurt en moins de dix minutes tout compris. Ca fait peur, hein ?
La granule est en fait une gigantesque cellule de plasma chaud visible à la surface du soleil. Et le plasma c'est quoi ? C'est le quatrième état de la matière, ni vraiment

gazeux ni vraiment liquide, et en tout cas fortement chargé en ions et en électrons. S'il est resté longtemps ignoré, ce fluide étrange n'a rien de négligeable puisqu'il constituerait 99 % de la matière de l'univers. Mais là, on voyage à des échelles où notre Terre n'est plus qu'un humble granule...

GRAVE

Un grave c'est un son grave, par opposition à un aigu. Autrefois la physique étudiait la chute des graves, non pas des sons à basse fréquence, mais des corps dotés d'un poids. En latin *gravis* qu'on retrouve dans gravité, signifie « lourd ». Ce qui est grave, c'est donc ce qui pèse, ce qui entraîne vers le bas. Pour les musiciens, bas et grave sont synonymes, ce que la notation musicale appuie : les notes graves s'écrivent en bas de la portée, les aiguës vers le haut. Y a-t-il un fondement physique à cette association, ou n'est-ce que pure convention ? Certes pour le chanteur, les registres les plus aigus s'obtiennent par la voix de tête, les plus graves par le coffre. Mais pour le harpiste, les graves sont les cordes qui sont loin, pour le pianiste, les touches qui sont à gauche et pour le guitariste les cordes qui sont en haut. En matière musicale, la géométrie de l'échelle des notes paraît donc bien arbitraire.

Au féminin, les graves sont des sols caillouteux et sablonneux, dépourvus d'argile. C'est un terrain idéal pour la vigne, ce que les Girondins n'ont pas manqué d'exploiter : les graves (cette fois au masculin) sont parmi les bordeaux les plus réputés. Le mot dérive de la grève, au sens de rive caillouteuse ou sablonneuse.

Pour leur richesse en tanin, les graves sont très appréciés de nombreux chanteurs, à qui ils procurent une idéale sècheresse des muqueuses buccales pour chanter… dans les graves. Mais ce n'est peut-être pas la seule raison pour laquelle ils en boivent.

GREFFE

En botanique, la greffe est l'insertion d'une partie d'une plante sur une autre. En chirurgie, par analogie, c'est la transplantation d'un organe ou d'un tissu vivant sur un humain. Si ce tissu provient du patient lui-même, il s'agit d'une autogreffe. S'il a été prélevé sur une autre personne, on parle d'allogreffe ou d'homogreffe. Et si le « donneur » est un animal, c'est une xénogreffe.

A priori, le greffe n'a rien à voir avec tout cela. Il s'agit du bureau d'un tribunal où l'on conserve toute trace écrite des procédures et actes judiciaires. Rien à voir, vraiment ? Les étymologistes nous détrompent : les deux greffes viennent en effet du même terme latin *graphium*, signifiant stylet, poinçon. Le greffier s'en sert pour écrire, le jardinier pour inciser les écorces.

GUEULES

La gueule désigne la bouche des animaux, mais pas n'importe lesquels : si carnassiers, poissons, reptiles et batraciens ont bien une gueule, les herbivores et les insectes ont une bouche, tandis que les oiseaux ont bien sûr un bec. Il est même des animaux qui n'ont rien qui ressemble à une bouche. Parmi eux le pogonophore, vers géant des fonds marins, qui d'ailleurs n'a pas d'anus non plus. On ne sait trop s'il faut le plaindre ou l'envier.
Les humains aussi ont une gueule et, à l'occasion, ils ne se privent ni de l'ouvrir ni de la faire. Evoquant tantôt la bouche, tantôt le visage, tantôt la méchante humeur, le terme perd plus ou moins de sa grossièreté selon l'expression où il figure : gueule noire, fine gueule, grande gueule, gueule cassée, gueule enfarinée, sale gueule... la liste est longue.
Une fois de plus les héraldistes font sécession et utilisent un terme courant avec son genre inhabituel. Pour eux le

gueules, qui porte curieusement un *s* final même au singulier, est masculin et désigne la couleur rouge. Celle des muqueuses d'une gueule ouverte ? Presque : le mot fait référence à la peau du gosier de certains animaux, et particulièrement la martre, que les pelletiers du Moyen Âge utilisaient couramment.

GUIDES

Il arrive souvent que les deux membres de nos couples singulières viennent soit d'un même adjectif, soit d'un même verbe. C'est à nouveau le cas des guides, tous deux déverbaux de guider, qui signifie conduire, accompagner sur un chemin.
Un guide est donc un dispositif, un ouvrage ou une personne qui guide ou aide à se guider. Si la personne qui guide est une femme, on pourra parler d'une guide puisque le mot est épicène.
Mais les guides au féminin, et toujours au pluriel, ont aussi un sens plus spécialisé : elles désignent les lanières de cuir attachées au mors d'un cheval et qui permettent de le diriger. Désormais, on les a largement troquées pour le volant ou le guidon, mais elles n'en demeurent pas moins dans deux expressions imagées. Conduire à grandes guides, c'est rouler à tombeau ouvert. Tandis

que mener la vie à grandes guides, c'est mener grand train, dépenser sans compter.

GUYOT

Dans ces pages, nous avons déjà croisé, et croiserons encore des mots qui doivent leur origine à des noms de personnes réelles ou fictives : adonis, asclépiade, curie, doris, napoléon, pandore, victoria... On appelle cela une antonomase. Les guyots constituent un cas unique en la matière. En effet, le mot féminin et le mot masculin honorent deux Messieurs Guyot différents. Ils vécurent à la même époque, probablement sans se rencontrer, ni même avoir eu vent l'un de l'autre.

Mais qui étiez-vous, Messieurs Guyot ?

Tout d'abord, Arnold. Ce géographe suisse du XIXe siècle consacra sa vie à l'étude et à l'enseignement des caractéristiques et des phénomènes physiques de notre planète. Dans son pays, puis aux États-Unis où il rejoignit la prestigieuse université de Princeton, ses observations sur la glaciologie, la météorologie, la géologie firent de lui une des grandes autorités scientifiques de l'époque. Les Américains reconnaissants donneront son nom à trois de leurs montagnes, à un glacier d'Alaska et même à un des cratères de la Lune. C'est en 1946, 62 ans après sa mort, que son patronyme devient nom commun. Il désigne dès lors un type de volcan au sommet aplati que l'on rencontre au fond des océans. Rapidement, le terme passe tel quel en français. Et c'est ainsi que le guyot d'Arnold ne tarde pas à se retrouver dans nos dictionnaires.

Passons maintenant à son homonyme, la guyot de Jules.

Le docteur Jules Guyot était vraiment ce qu'on appelle un passionné. Rien ne semblait devoir résister à son appétit de savoir, à son esprit d'invention, à son désir de changer le monde. La politique le happe d'abord : alors qu'il étudie la médecine à Paris, la révolution de 1830 suscite son enthousiasme. Mais son coeur républicain ne se satisfait pas de l'avènement de Louis-Philippe : contestations, agitations, émeutes, puis passage par la case prison. Les ardeurs subversives du jeune homme s'en trouveront refroidies.
C'est alors sur les terres de la science qu'il s'en va chasser tous azimuts. En 1833, il publie un ouvrage sur les propriétés de la matière ; en 1835, il en livre un autre sur les mouvements de l'air ; en 1837, il recalcule l'aplatissement de la Terre ; entretemps, il invente un

modèle de canon, un nouveau type de locomotive, et passe sa thèse de médecine sur le sujet des morsures d'animaux enragés. Il composera même un *Bréviaire de l'amour expérimental*. « *Il n'existe pas de femme sans besoin [...] mais, en revanche, il existe un nombre immense d'ignorants, d'égoïstes et de brutaux qui ne se donnent pas la peine d'étudier l'instrument que Dieu leur a confié* » écrit-il dans cet opuscule. S'ensuit d'*édifiantes explications sur les vertus sociales de l'orgasme, et les meilleurs moyens d'atteindre ce qu'il appelle le* « *spasme génésique* ». Mais n'allons pas pour autant en faire un précurseur du féminisme. Toutes ces incursions sur les cimes du plaisir ne doivent s'entreprendre que dans le cadre conjugal, et à la seule initiative du mari. Et sous sa plume rationaliste, les sexes masculin et féminin deviennent « *moitié positive* » et « *moitié négative* »…. on est quand même en plein cœur du sexiste *XIXe siècle, et Jules Guyot n'est pas Charles Fourier.*

Mais tout cela n'est que passe-temps : la vraie passion de notre homme, c'est l'agriculture. C'est là que son génie créateur fait le plus de merveilles : il invente un trieur de graines, un laveur de betteraves, une moissonneuse, un four à chaux pour transformer les tourbes. La viticulture attire particulièrement son attention. Pour elle, il crée une improbable machine à ramollir les bouchons, un efficace procédé d'embouteillage, et surtout un système de taille de la vigne auquel il laissera son nom.

Un grand homme, donc, que ce Docteur Jules Guyot. Il méritait bien l'hommage des frères Ernest et Charles Baltet, ses épigones et voisins troyens, qui donnèrent son nom à l'une de leurs créations, une délicieuse poire toute jaune et bien juteuse, que l'on appelle encore aujourd'hui la guyot.

Ainsi vécurent Arnold et Jules Guyot, insatiables curieux, expérimentateurs infatigables, obstinés passeurs de savoir. Autre point commun d'importance : ils sont nés la même année, 1807. Ainsi leur jeunesse a pu baigner dans une période d'extraordinaire effervescence intellectuelle, celle où Victor Hugo dynamite le théâtre classique, où le tout jeune Evariste Galois révolutionne les mathématiques en l'espace d'une nuit fiévreuse, où l'École polytechnique est tout autant foyer de subversion que pépinière de savants éclectiques.

La jeune génération d'alors se lance à l'assaut de la connaissance comme elle dresse des barricades, avec la même certitude de son fait : le progrès libèrera l'homme et la science gouvernera le monde.

H

HOLLANDE

Comme nous le disions à l'article précédent, de nombreux mots viennent du patronyme d'individus plus ou moins célèbres. Dissipons d'emblée tous les doutes : hollande n'en fait pas partie.

Les mots dont nous parlons se sont tous construits par ellipse, à partir de leur origine géographique, la Hollande.

Attention : la Hollande n'est pas les Pays-Bas, mais seulement une partie de ceux-ci. D'où vient que l'on confonde si souvent les deux, alors que la première ne couvre même pas un cinquième du territoire des seconds ? Sans doute est-ce la richesse et l'importance historique de la Hollande qui inspire la synecdoque (procédé qui consiste à prendre la partie pour le tout). La Hollande constitue presque toute la façade maritime de ce pays de tout temps tourné vers la mer. Par ailleurs, c'est en Hollande que se trouvent les deux capitales du royaume, La Haye et Amsterdam.

Durant de nombreux siècles, ce petit pays européen a su rayonner par son commerce et l'inventivité de ses productions. La Hollande, notamment, c'est l'autre pays du fromage. Le premier, c'est nous. Ben oui. Le hollande est un terme générique usuel pour désigner un fromage du type de l'édam ou du gouda.

La Hollande, c'est aussi l'autre pays du papier. Le premier ce n'est pas nous, mais la Chine. Les papetiers hollandais ont joué un rôle capital dans l'histoire européenne de ce matériau, notamment au cours du XVIIe siècle. L'un d'eux, un certain Monsieur Ecrevisse, se chargea d'importer en France nombre de leurs innovations techniques. De ces époques date le hollande, papier de luxe très résistant, encore en usage aujourd'hui pour des éditions à tirage limité.

Et la hollande, sans majuscule ? C'est soit une toile de lin (de hollande), soit une porcelaine. D'où ça, déjà ?

HYDROMÈTRE

Un hydromètre sert à mesurer la densité ou la pression des liquides. Ce petit cylindre gradué est bien utile aux viticulteurs pour apprécier la teneur d'un moût de raisin, pour prévoir le taux d'alcool d'un vin.

Attention : un hydromètre n'est pas un hygromètre, qui permet aux météorologues d'estimer le degré d'humidité de l'air.

Une hydromètre est une araignée d'eau. Ce n'est pas pour autant une araignée, mais un insecte capable de courir à la surface des étangs et des mares. L'animal aurait rendu jaloux Charles Cros et sa bande d'hydropathes, puisque les extrémités de ses membres sont carrément superhydrophobes. Entendez par là que cette bestiole, grâce à la légèreté de son corps et à la forme particulière de ses pattes, peut prendre appui sur la surface de l'eau sans s'y enfoncer, et donc sans se mouiller. On appelle aussi cela l'effet lotus, plante dont les feuilles sont dotées d'infimes poils coniques très serrés qui ne laissent aucune entrée aux gouttes de pluie.

HYMNE

Un hymne, c'est un chant mâle, la célébration solennelle d'un héros, de la patrie ou de ses défenseurs. On l'entend dans les casernes, dans les stades, dans les meetings, partout où l'affrontement se profile.

Pour entendre une hymne, rendez-vous plutôt à l'église. C'est un chant à la louange de Dieu, interprété au cours d'une messe. Malgré toutes nos recherches, nous n'avons pas pu savoir quel genre d'hymne on chante dans les tribunes du Vatican City Football Club. Car l'équipe existe bel et bien, avec la bénédiction des papes successifs et sous la férule d'entraîneurs renommés, tels que Giovanni Trapattoni, ex-mentor de la Juve. Au palmarès de ce divin onze, relevons un honorable 0-0 face à Monaco en 2002, un remarquable 5-1 en 2006 aux dépens du club suisse SV Vollmond, et un désastreux 1-9 devant la Palestine en octobre 2010. On ne peut pas toujours faire des miracles.

I

IMAGO

Le latin, ça fait savant. Et ça ne date pas d'aujourd'hui. Tout au long du Moyen Âge et dans toute la chrétienté, c'est en latin que tout ou presque s'écrit, qu'il s'agisse des textes religieux, scientifiques, philosophiques, juridiques, littéraires... Au XVIIe siècle, penseurs et savants européens se mettent à rédiger leurs ouvrages dans leurs langues respectives afin de s'affranchir du poids de la tradition et de la tutelle de l'Église. Mais encore faut-il que l'anglais, le français, l'italien, l'allemand se dotent des mots adéquats pour parler des nouvelles découvertes, principalement en matière de physique ou d'optique. C'est là que le latin et le grec peuvent encore servir : tous les scientifiques de l'époque s'appliquent à forger leurs néologismes à partir de ces deux langues anciennes. Sous la plume de Kepler, Descartes, Newton et bien d'autres, voici que naissent des mots comme gravitation, divergence, dioptrie, vibration, qui se disent et surtout s'écrivent peu ou prou de la même façon à Paris, Londres, Munich ou Rome. Par-delà les petites variations des langues locales, un vocabulaire scientifique partagé par la communauté des chercheurs se développe donc dans toute l'Europe. Toute ? Non ! Quelques pays persistent encore quelque temps dans l'emploi du latin pour les matières scientifiques. Les royaumes scandinaves sont de ceux-là. Au XVIIIe siècle, quand le suédois Carl von Linné élabore son système de classification et de nomenclature des espèces vivantes, c'est à des noms latins, ou construits sur le modèle du latin, qu'il recourt. Connaissez-vous le *Cuculus canorus* ? C'est le coucou gris. Et le *Ranunculus acris* ? C'est le bouton d'or. Ce principe fait vite autorité et se perpétue jusqu'à nos jours. Pour fabriquer tous ces néologismes, les taxinomistes puisent désormais bien au-delà des seules racines gréco-latines, et trouvent parfois l'inspiration dans des domaines inattendus. Si au cours d'un voyage en Malaisie vous croisez une grosse araignée velue, il s'agira peut-être d'une *Heteropoda davidbowie*, à moins que ce ne soit une *Myrmekiaphila neilyoungi*.

Ainsi s'explique la multitude de latinismes présents dans le vocabulaire scientifique, pricipalement dans les domaines du vivant : zoologie, botanique, médecine... Imago en fait partie. Dans sa langue d'origine, le mot signifie réprésentation, imitation, portrait. Il y est féminin, comme presque tous les noms en *-o*. Les premiers scientifiques à s'en emparer sont les entomologistes. *Un* imago désigne pour eux la forme adulte d'un insecte, celle qu'il atteint au terme de ses métamorphoses successives.

Puis ce sont les psychanalystes qui se l'approprient. Dans leur domaine, *une* imago est la survivance dans l'inconscient d'un individu, de l'image qu'il s'est faite d'un intime dans sa prime enfance. L'imago paternelle, c'est mon papa, tel que je le voyais quand j'étais tout petit mais tel que mon inconscient continue à le considérer aujourd'hui.

Dans son emploi zoologique, le genre du mot est en réalité assez flou. Masculin, féminin ? Les sources ne s'accordent pas. Même les scientifiques ne parviennent pas à être parfaitement rigoureux.

INTERLIGNE

Dans le langage commun, ligne est féminin, mais interligne est masculin. Il est pourtant rare que l'adjonction d'un préfixe provoque une inversion du genre. On l'a vu avec les mots en *arrière-* et en *avant-* (voir arrière-main et avant-main). On le vérifie avec *contre-* : un contre-feu, une contre-attaque, un contrepoids, une contrescarpe. On achève de s'en convaincre avec *aéro-* : un aérotrain, une aérogare, un aéroport, même si aéronef fait ici exception.

Il semble en aller autrement avec *entre-* et *inter-* : si l'on dit bien un interrègne, une intersaison, un entremets, on dit un entrecuisse, un interclasse, un entregent. Ces préfixes provoquent un flottement sur le genre, le tirant généralement vers le masculin. Pourquoi ? Parce que tous les préfixes ne modifient pas le sens du radical de la même façon. Autant une aérogare est une sorte de gare, un contrepoids une sorte de poids, autant un interclasse n'est pas une classe, un entrecuisse pas une cuisse.

Un interligne, donc, est l'espace situé entre deux lignes écrites. Éventuellement, en droit notamment, c'est ce qu'on écrit dans cet interligne.
Une interligne, c'est la lame de métal que les typographes utilisaient pour séparer les lignes d'un texte. On a déjà vu exactement la même situation auparavant (voir espace).

J

JAQUE

Le jaque est le fruit du jaquier, un cousin de l'arbre à pain, qui pousse notamment à Haïti et à La Réunion. Là-bas, on consomme le fruit tel quel quand il est mûr, ou cuisiné quand il est vert. Le mot vient du malayalam une langue du sud de l'Inde, et nous est parvenu via l'italien.

Au Moyen Âge, la jaque était un justaucorps à manches porté par les hommes. Elle tient son nom du sobriquet qu'on donnait alors aux paysans, ces jacques qui s'insurgèrent et provoquèrent les fameuses jacqueries. On trouve aussi le mot sous la plume d'Hugo dans Notre-Dame de Paris : il désigne alors la cotte de mailles des archers médiévaux, en l'occurrence ceux du capitaine Phoebus. Le mot a donné la jaquette, vêtement masculin que l'on porte encore dans les grandes occasions.

Les deux mots sont étrangers l'un à l'autre.

JARRE

La jarre est un vase ventru aux larges anses, généralement en poterie, qui sert au transport des aliments et des liquides. Quelles différences avec l'amphore ? Cette dernière peut être plus petite et se caractérise surtout par un col plus étroit et plus allongé.
Le jarre est une touffe de poils rigide au milieu de la toison d'un animal. Il déprécie la valeur des fourrures, il complique le travail des cardeurs : le jarre est l'ennemi de l'homme. Mais il est l'ami du chien et du chat : on appelle aussi poils de jarre la partie primaire de leur pelage, celle qui est le plus à l'extérieur et leur offre la meilleure protection contre les intempéries.
La jarre vient de l'arabe, le jarre du francique. Encore une homonymie de hasard.

JAVA

La java c'est un peu la valse de la canaille. Elle serait née au cours des années 1920 dans les bals musette de la rue de Lappe, à deux pas de la Bastille, au milieu des bougnats et ferrailleurs auvergnats et sous les doigts d'accordéonistes italiens. Si elle s'est pris un sérieux coup de vieux avec la déferlante du rock'n roll, la java a connu un vrai regain dans les années 1980. Toute une génération de groupes, Garçons Bouchers en tête, veut alors fusionner la gouaille subversive du Paname popu avec l'énergie punk. On ressort les branle-poumons, progressivement on retrouve le chemin du balloche. La java renaît.

À l'occasion du mot cave, nous avons déjà évoqué le javanais, cet argot malicieux qui consiste à intercaler les voyelles *va* et *av* à l'intérieur des mots pour les rendre incompréhensibles au non-initié. Une question nous brûle donc les lèvres : entre java et javanais, y a-t-il un rapport ? Rien ne l'atteste. Selon la piste la plus convaincante, le mot java viendrait de la déformation de « ça va » en « cha va », puis « java », par l'accent des Auvergnats locaux. Le nom n'aurait donc pas non plus de rapport avec Java, l'île indonésienne. Mais rien n'est sûr.

Ce qui est sûr en revanche c'est que le java, tissu de pagne imprimé, vient bien... d'Afrique. Et le langage de programmation informatique également nommé le java a vu le jour à 14 000 kilomètres de Djakarta, au cœur de la Silicon Valley.

L

LAQUE

Un nouveau cas de métonymie s'offre à nous. En Extrême-Orient, la laque, vernis préparé avec le latex du sumac, un arbre local, est traditionnellement utilisée pour protéger et embellir meubles et objets d'art. Du coup, un objet ou meuble ainsi verni est appelé un laque.

Par analogie, une laque peut être également une peinture brillante et très résistante, un vernis à ongles, ou encore une substance qu'on vaporise sur ses cheveux pour les fixer.

LÉGUME

Un légume est une plante potagère qui se mange, entièrement ou en partie. C'est une notion alimentaire, en rien un terme de botanique. Un légume peut aussi bien être un fruit, une graine, un bulbe, une feuille, une racine, une fleur, j'en passe et des meilleurs pour la santé. Il existe en toutes tailles, de la grosse citrouille au petit pois.

La légume, elle, est généralement grosse. C'est alors un personnage important, incarnation de l'institution pesante et inamovible. Dans l'imaginaire de nos pays, ce qui nourrit est plutôt féminin, ce qui représente le pouvoir est généralement masculin. Alors pourquoi légume subit-il ce changement de genre ? Dans *le Sexe des mots*, Marina Yaguello pointe les deux grands domaines où l'on recourt volontiers à des noms féminins pour désigner des hommes. Il s'agit du vocabulaire militaire (voir enseigne), et du registre des injures. Les exemples pullulent : canaille, arsouille, lopette, andouille, ordure, pédale,... Dans un monde d'hommes, où on utilise un langage surtout façonné par les hommes, le féminin fait souvent office de genre dépréciateur.

LÉVITE

Un lévite est un membre de la tribu de Lévi. Par tradition, on considère que les Juifs se répartissent en douze tribus, descendants d'autant de fils de Jacob. Chacune des tribus s'est vu attribuer une partie du royaume d'Israël, à l'exception de la tribu de Lévi qui eut à assumer le service du Temple, les fonctions sacerdotales, ce qui lui conféra un statut à part dans la communauté juive.

La lévite est la tenue du lévite, qui consiste en une longue redingote noire. Le terme peut aussi s'appliquer à tout autre manteau qui en imite la coupe.

LITRE

Un litre est une unité de mesure de volume, surtout utilisé pour les liquides. Il correspond à l'espace qu'occupe un kilogramme d'eau à 4°C. C'est en tout cas ainsi qu'on l'a défini officiellement sous la Révolution, en lui donnant la mission de supplanter toutes les autres unités de volume en usage sous l'Ancien Régime : boisseau, chopine, pinte, setier, muid... Pour ne pas trop déboussoler la population, on a choisi d'appeler cette nouvelle unité le litre en référence au litron, l'ancienne grandeur qui s'en approchait le plus. Force est de constater que la greffe a réussi.
Si le litre de rouge ou le litre de blanc évoquent plutôt

les réjouissances, la litre, elle, porte le noir du deuil. Il s'agit d'un ornement funèbre, consistant en un long ruban tendu autour d'une église à l'occasion de funérailles solennelles. Le mot vient du vieux français *lite*, qui signifie bordure. Il ne s'apparente donc en rien à son sosie masculin.

LIVRE

Un livre, c'est ce que vous avez dans les mains. C'est joli, non ?
Le mot vient du latin *liber*. Si on ouvre un dictionnaire de latin à cet article on peut lire en substance : « liber, bera, berum : *libre, de condition libre, [..] qui se gouverne lui-même [..] affranchi de toutes charges* ». Tous les lecteurs impénitents se mettent ici à bicher : le livre, c'est la liberté ! Nous nous devons de les faire déchanter : ce n'est pas de l'adjectif *liber* que vient le livre, mais du nom commun signifiant « *partie vivante de l'écorce d'un arbre* ». Ce matériau, qu'on appelle aussi l'aubier, servait de support d'écriture durant l'Antiquité. Une fois plié en accordéon, l'objet prenait alors l'allure de ce que nous appelons aujourd'hui un livre.
Vous tenez donc dans les mains un livre, soit à peu près

la moitié d'une livre. Cette unité de masse de l'Ancien Régime avait une valeur variable selon les régions et les époques. Aujourd'hui, on la fait correspondre à la moitié d'un kilo. Elle a un ancêtre latin, la *libra*, à qui elle doit son nom.

La livre, c'est aussi une monnaie. À l'origine, elle représentait effectivement la valeur d'une livre d'argent métal, mais elle s'est dépréciée avec le temps et n'en valait plus guère que 5 grammes, quand l'instauration du franc germinal en 1803 sonna l'heure de sa disparition en France.

En revanche la livre a toujours cours au Royaume-Uni. C'est du moins le nom que les Français donnent à la *sterling pound*. Son symbole est £, un L orné. Pourquoi pas plutôt un P comme *pound* ? C'est par référence au nom latin de la monnaie (la *libra*, encore une fois). De même que le penny s'est longtemps abrégé par un d, initiale de son nom latin *denarius* (denier).

LOUCHE

Grande cuillère à long manche pour servir la soupe, la louche tire son nom du francique *lôtja*. L'ustensile a la réputation d'être imprécis, mais généreux. Ainsi, estimer à la louche, c'est jauger grossièrement, servir à la louche, c'est pourvoir copieusement, en remettre une louche, c'est exagérer exagérément. Instrument du quotidien, la louche inspire une familiarité bonhomme, qu'on retrouve dans l'expression « serrer la louche », c'est-à-dire la main.

Au masculin, le mot a un tout autre sens. L'adjectif louche est le contraire de clair, d'honnête. Il est substantivé dans certaines expressions (« Il y a du louche dans cette affaire ! »). Il l'est aussi dans le vocabulaire de la chimie. Il y désigne un précipité qui trouble légèrement un liquide.
Pour ce genre là, louche vient du latin *luscus* signifiant borgne. Un borgne qui louche ? C'est louche…

LUCERNAIRE

Le lucernaire est un office religieux célébré quand tombe le jour, à l'heure d'allumer les lampes. En latin, *lucerna* veut dire lampe.
La lucernaire est une méduse. Elle vit accrochée aux algues ou aux rochers, et se reconnait à sa délicate ombrelle, formée de huit tentacules courts. Nos antiques ancêtres qui l'ont nommée lui trouvaient des allures de lampe, ce qui n'a pourtant rien d'évident.

M

MAJOR

Dans l'armée de terre et la gendarmerie française, major est le plus haut grade de sous-officier, juste au-dessus de l'adjudant-chef. Un major est aussi l'élève d'une grande école qui se classe premier de sa promotion, ou celui qui arrive premier à un concours. Et si le major est une demoiselle ? On ne dira pas la majorette mais obstinément le major. La major, c'est autre chose : c'est une grande entreprise qui fait partie des leaders de son secteur.
Ces mots sont tous les deux le calque du latin *major*, qui signifie le plus grand.

MALAISE

Un malaise est la sensation d'un dysfonctionnement du corps, qui fait craindre, voire entraîne une perte de connaissance. Le terme a dépassé le cadre médical et s'applique à tout sentiment général et confus d'un mal-être, d'une indisposition.

Une Malaise est une représentante du peuple malais. Attention : une Malaise n'est pas nécessairement une Malaisienne (et réciproquement), qui, elle, est une habitante de la Malaisie. De la même façon un Bosnien n'est pas toujours Bosniaque, un Finlandais pas toujours Finnois, un Papouasien pas toujours Papou.

L'homonymie entre les deux malaises est purement fortuite. L'écrivain Jean Echenoz a néanmoins su en tirer avantage en titrant l'un de ses romans *l'Equipée malaise*, qui évoque les trajectoires croisées de deux personnages entre France et Malaisie.

MANCHE

Le manche est la partie longue et rigide par laquelle on tient un outil, un instrument. C'est aussi l'os apparent de la côtelette ou du gigot. Un manche, c'est enfin un gros maladroit, quelqu'un qui s'y prend comme un manchot. Certains avancent que le manche désigne alors un endroit précis que rigoureusement ma mère m'a défendu de nommer ici. Mais en ce cas, que faudrait-il penser de l'expression « con comme un manche » ?

La manche est la partie du vêtement qui couvre le bras à partir de l'épaule. Elle descend jusqu'au milieu du biceps si elle est courte, jusqu'au poignet si elle est longue. Les manches vont donc par deux. C'est par analogie que le mot manche en est venu à désigner chacune des deux parties d'un jeu, d'une rencontre sportive. Parler d'un match en trois manches relève donc de l'abus de langage, ou tout au moins d'une extension de sens.

La manche est souple et protectrice. Et féminine. Le manche est dur et laborieux. Et masculin. Faut-il y voir une nouvelle marque du sexisme à la française ? Le procès est tentant mais il n'a guère de fondement. Cette répartition entre les deux genres remontent à l'origine latine des deux termes : la manche vient du latin tardif *manica*, qui a le même sens et le même genre que le mot français. De même, le manche vient de *manicus*, qui veut dire poignée et relève aussi du genre masculin.

Par ailleurs, faire la manche c'est se livrer à la mendicité. Paradoxalement, l'expression serait de noble origine : au Moyen Âge, les dames avaient coutume d'offrir une manche de leur vêtement aux chevaliers qui joutaient en leur nom.

MANILLE

Bohême, Chine, Hollande, Java, et bientôt Perse : ces lignes mettent régulièrement le cap au lointain, signe que la mondialisation n'est pas une invention récente.

La touffeur des Philippines est propice aux cultures tropicales. Le nom de Manille, la capitale, le laisse lui-même entendre puisqu'il signifie « plantation de manguiers » dans la langue locale, le tagalog. De là-bas, nous viennent deux manilles, tous deux masculins, tous deux issus de plantes à l'aise sous de telles latitudes. Il s'agit d'un type de cigare, ainsi que d'une fibre textile tirée de l'abaca, une variété de bananier.

La manille au féminin est moins exotique. C'est d'abord l'anneau de fer qui tient la cheville du forçat et le raccorde à sa chaîne. Par extension c'est aussi un étrier de métal utilisé par les marins. Attention à ne pas confondre cette dernière avec le manille, cordage léger aussi en usage sur les bateaux et fabriqué avec la fibre que nous venons d'évoquer plus haut.

La manille est enfin un jeu de cartes d'origine espagnole. Sa particularité réside dans le fait que l'as y est battu par le 10. C'est précisément cette carte qu'on appelle la manille, originellement la *malilla*, la « petite malicieuse », qui parvient à vaincre celles qui d'ordinaire sont les plus fortes.

MANŒUVRE

Une manœuvre est une tâche, une action qu'on accomplit avec ses mains. Elle peut être individuelle (la manœuvre d'un véhicule, par exemple) ou collective, lorsqu'il s'agit notamment de diriger la marche d'un voilier. Les manœuvres désignent aussi des entraînements militaires en situation. Le mot est alors à prendre dans un sens étendu, le militaire ne travaillant pas seulement avec ses mains, mais aussi avec ses pieds, et, selon certains témoignages, parfois même avec sa tête.

Le manœuvre est littéralement celui qui œuvre avec ses mains. Dans les métiers du bâtiment, il est au plus bas de la hiérarchie des métiers. A lui tous les travaux ingrats qui ne demandent aucune qualification : manutention, nettoyage, creusements divers…

Et si c'est une femme ? Dira-t-on la manœuvre ? La manœuvresse ? Décidément la primauté des noms masculins dans les appellations de métier nous cause bien du souci (voir le mot teneur).

MARINE

Jusqu'à présent et sauf erreur de notre part, tout homme est né d'une femme. Par un tour de passe-passe plutôt gonflé, les mythes fondateurs en vigueur dans nos contrées renversent l'évidence naturelle et martèlent sans vergogne que c'est la femme qui est née de l'homme. D'où la côte d'Adam et autres bas morceaux miraculeusement recyclés en docile compagne.

La supercherie a si bien marché qu'on ne se choque guère que dans notre langue aussi, ce soit le masculin la forme première, dont dérive le féminin. Il en va ainsi de l'adjectif marine, construit par l'ajout d'un -e sur la forme non « marquée » de l'adjectif marin. Et si vous cherchez l'adjectif marine dans un dictionnaire, vous le trouverez à l'entrée marin, et non à la sienne propre.

C'est peut-être un détail pour vous, mais pour elle ça veut dire beaucoup. Elle, c'est la sémiologue italienne Patrizia Violi. Dans cette dissymétrie entre les genres, qu'on retrouve d'ailleurs dans l'italien, elle voit tout autre chose qu'une convention arbitraire. Elle écrit : « Pour les femmes, le langage représente donc une exclusion et une négation, le lieu où la structure patriarcale est ratifiée et inscrite. » Impossibilité serait donc faite aux femmes d'exprimer des points de vue propres, affranchis d'une vision mâle du monde. Et le sexisme serait transmis dès le plus jeune âge par la simple acquisition de nos langues dites maternelles, c'est-dire transmises par les mères, mais en réalité forgées par les pères. Tout cela rappelle fortement ce qu'écrit l'auteur antillais Patrick Chamoiseau : « Comment écrire alors que ton imaginaire s'abreuve, du matin jusqu'aux rêves, à des images, des pensées, des valeurs qui ne sont pas les tiennes ? [...] Comment écrire, dominé ? »

Marine, donc. L'adjectif a été abondamment substantivé pour parler de ce qui se rapporte à la mer. La marine, c'est d'abord tout ce qui relève de l'art de naviguer. Elle peut être marchande, de plaisance, de pêche ou de guerre. Si l'on dit la marine tout court, c'est en général que l'on parle de l'armée de mer.

La marine peut aussi désigner l'ensemble des gens de mer. C'est dans ce sens-là que l'entend Paul Fort dans son poème si joliment chanté par Georges Brassens.

Par ailleurs, en peinture, une marine est un tableau ayant la mer pour sujet.

Et le marine ? Par ellipse il désigne parfois le bleu marine, bleu foncé qui rappelle non pas la couleur de l'océan, mais le tissu des uniformes de la Marine nationale. Si cette dernière est composée de marins, celles des pays anglophones regroupent des marines. Cette appellation leur vient du français. Le *e* final, infamant pour nos viriles troupes, ne leur pose à eux aucun souci.

MARTYRE

Le martyre est un supplice que l'on fait subir à quelqu'un, dans le but qu'il renie sa foi ou sa cause. Une martyre est une femme qui a subi le martyre. C'est le féminin de martyr. Et si, pour changer un peu, on disait que c'est martyr qui est le masculin de martyre ?

MATRICULE

Dès qu'un individu arrive à l'hôpital, à la prison, à la caserne, son nom est inscrit sur un registre. C'est ce registre qu'on appelle la matricule.
Lors de cette inscription, un numéro lui est attribué : c'est le matricule. Le contenu et le contenant se trouvent donc distingués par leur genre respectif.

MAUVE

La mauve est une plante qui pousse librement dans les terrains vagues ou dans les cultures. Ses feuilles et ses fleurs sont appréciées en infusion pour calmer les irritations et les aigreurs d'estomac.
Le mauve est la douce couleur rose-violet qui caractérise les fleurs de la mauve. Bien que le mot couleur soit féminin, tous les noms courants de couleurs sont masculins, même s'ils dérivent d'un nom qui, lui, est féminin. De même, nous verrons bientôt le turquoise, le rose, l'ocre et l'orange.
Dans certains métiers comme la couture ou la peinture, on substantive allègrement toutes les appellations de couleur. On va parler d'un garance (rouge vif), d'un feuille-morte (brun marron), ou même d'un cuisse-de-nymphe émue (nuance de rose). Comme la liste est longue, notre ouvrage n'a retenu que les couleurs les plus usuelles.

MAYA

Un Maya est un représentant du peuple amérindien du même nom. Après la dévastation de leur civilisation par les envahisseurs européens, les Mayas ont survécu tant bien que mal. Aujourd'hui, leurs descendants vivent au Mexique et surtout au Guatemala. Ils y représentent plus de la moitié de la population, en dépit de l'interminable guerre civile quasi génocidaire dont ils furent les principales victimes de 1960 à 1996.

Quand le terme ne désigne pas une femme de ce peuple, la maya vient quant à elle de l'autre bout de la planète. Pour les Hindous, il s'agit d'une illusion qui masque la réalité, et provoque l'ignorance de sa victime.

MÉMOIRE

La mémoire c'est la faculté de se souvenir. Tandis que le mémoire est un court écrit exposant des faits ou des idées, qu'on établit à destination d'un jury, d'une communauté savante ou de tout autre public. Au pluriel, le mot désignera un ouvrage plus consistant où, sur le tard de sa vie, l'auteur relate ses souvenirs personnels, dresse le récit des événements marquants qu'il aura vécus. C'est pour échapper à l'égocentrisme de l'exercice qu'André Malraux préféra composer ses *Antimémoires*, où il s'autorisa à mêler à des souvenirs plus ou moins véridiques, des récits fictifs et des méditations en tout genre.

Encore une fois, le concept est féminin, la traduction

concrète est masculine. Seuls les informaticiens donnent à *la* mémoire un sens physique et pratique. C'est ainsi qu'ils appellent l'organe où se trouvent stockées les données d'un ordinateur.

MERCI

Adresser un merci, s'est signifier sa gratitude. Le merci n'existe pas dans toutes les tailles. S'il est grand, il témoigne une insistance, voire un peu de solennité, s'il est gros, il est plus familier. En revanche, on n'adresse guère de petit merci. De même, quand il est livré en lot, c'est plutôt par mille, et n'adresser que cinq cents mercis, ce qui pourtant n'est déjà pas mal, aurait quelque chose d'inconvenant.

Le mot vient du latin *merces*, qui voulut d'abord dire récompense, salaire, intérêt. Puis le terme s'est mis à signifier la grâce qu'on accorde à celui qu'on choisit d'épargner. De là découle le sens du mot actuel quand il est féminin. Etre à la merci de quelqu'un, c'est s'en remettre à son bon vouloir. Un être sans merci est celui qui n'accorde jamais grâce. Etre taillable et corvéable à merci, c'est l'être à volonté, et plutôt sans modération.

Le et la merci sont donc bien un seul et même mot, dont les sens respectifs se sont spécialisés au fil du temps.

MILLE-FEUILLE

Deux-roues, trois-mâts, quatre-saisons, huit-reflets, dix-cors, mille-fleurs… Les dictionnaires usuels proposent une grosse trentaine de mots associant un adjectif numéral à un substantif. Ils fonctionnent de façon assez systématique : le genre n'est pas lié au substantif présent dans le mot, mais à la chose dont on parle. Par exemple, un deux-roues est masculin parce qu'on parle d'un véhicule à deux roues. Par ailleurs, même au singulier, le mot porte la marque du pluriel. Le mot mille-feuille suit fidèlement la première règle (*un* mille-feuille est *un* gâteau à mille feuilles), mais il fait curieusement exception pour la deuxième et n'a donc pas de *s* au singulier. Cette particularité date de son invention, qu'on prête à François-Pierre de la Varenne, cuisinier renommé du XVIIe siècle.

De même que le mille-pattes n'a pas vraiment mille-pattes, le mille-feuille n'a pas vraiment mille feuilles. En fait, il en a plus, 2187 pour être précis. Il serait fort mal aisé de le vérifier par soi-même. Aussi ne rechignons-nous pas à vous en exposer la démonstration mathématique. Selon la recette canonique, la pâte feuilletée se prépare en répétant six fois la même action, à savoir replier la pâte en trois volets sur elle-même, puis l'étaler au mieux. Chaque action crée trois fois plus de couches que la précédente. En partant d'une couche, on obtient donc d'abord 3, puis 9, puis 27, puis 81, puis 243 et enfin 729 feuilles. Comme un gâteau compte trois étages de pâte, cela nous fait bien 2187 feuilles au total.

Nous serions bien en peine de donner un chiffre aussi précis pour la mille-feuille. Cette plante aux fleurs blanches, aussi appelée herbe de la Saint-Jean, possède des feuilles très finement découpées qui lui ont valu son nom. On l'apprécie depuis l'Antiquité pour ses vertus médicinales : elle fut utilisée pour arrêter les saignements et comme calmant en infusion.

MI-TEMPS

Au football ou au rugby, la mi-temps peut désigner aussi bien chacune des deux parties d'un match, que l'espace de temps qui les sépare. La mi-temps, c'est en fait la moitié du temps, d'où le genre féminin du mot. De même sont masculins le tiers-temps du hockey sur glace et le quart-temps du basket, car ils représentent respectivement le tiers et le quart du temps de jeu.

Alors pourquoi dit-on un mi-temps lorsqu'on parle d'un emploi occupé à 50 % du temps complet ? Parce que dans ce cas on a à faire à une ellipse : un mi-temps, c'est tout simplement un (travail à) mi-temps.

MODE

Dans son essai *Mœurs et sexualité en Océanie* parue en 1933, l'anthropologue américaine Margaret Mead nous emmenait à la rencontre des Chambulis. Chez ces Mélanésiens de Nouvelle-Guinée, ce sont les femmes qui tiennent les cordons de la bourse et qui, par leur travail et leur sérieux, assument la vraie puissance sociale. De leur côté, les hommes consacrent l'essentiel de leur temps à parfaire l'élégance de leur costume, la beauté de leurs masques, leur habileté à jouer de la flûte. Et si d'aventure, à l'étal du marché, une frivolité les tente, ils ne sauraient engager la moindre dépense sans en avoir d'abord référé à mesdames.

Comment dit-on « mode » dans leur langue, et quel y est le genre du mot ? Margaret Mead ne le dit pas, mais il y a fort à parier qu'il diffère de nos modes à nous.

En français, le mode est une façon de faire, de mener une action. Le mode de vie, le mode opératoire, définissent un processus, un ensemble de manières de faire et d'être qui constituent des standards durables. C'est du sérieux, du méthodique, du solide, c'est du masculin.

La mode, au contraire, est l'engouement du moment pour telle façon de s'habiller, telle forme artistique, voire telle opinion. C'est du futile, de l'éphémère, de l'impalpable. C'est du féminin.

Mais, direz-vous, quand on prépare des tripes à la mode de Caen, on ne se lance pas dans une recette inspirée par un quelconque air du temps, mais on suit bien un processus solidement établi par la tradition. Alors ? C'est que l'expression « à la mode de Caen » date d'un temps où la répartition des sens du mot mode entre les deux genres n'était pas aussi marquée. Il y a cinq cents ans, le mot n'existait même qu'au féminin. C'est au fil des siècles, et tout spécialement au XIXe, que ce féminin s'est trouvé de plus en plus relégué aux considérations les plus futiles, pour laisser tout le sérieux au masculin.

Pour ce mot-là au moins, le parallèle est manifeste entre la distinction des genres grammaticaux et la séparation des sexes telle que nos sociétés l'ont instaurée. On s'efforce de croire aujourd'hui que cette séparation n'est plus autant de mise. Mais le mot mode et ses deux genres sont toujours là, et diffusent pernicieusement la vision du monde qui les a engendrés. « La forme vit plus longtemps que son contenu conceptuel », écrivait le linguiste Edward Sapir au début du siècle dernier. Non seulement elle vit plus longtemps que lui, mais sans doute l'aide-t-elle aussi à survivre encore un peu.

MÔLE

La môle, c'est le gros et rond poisson-lune. Près d'une tonne à la pesée, pour un diamètre avoisinant les deux mètres. Belle bête…
La môle c'est aussi une croissance anormale du placenta qui aboutit à un avortement précoce.
Quant au môle, c'est un ouvrage en maçonnerie qui protège l'entrée d'un port.
Les trois mots ont à voir avec le latin *mola* qui signifie meule, celle qui broie le grain dans les moulins.
Attention : la mole, l'unité de quantité de matière, ne prend pas d'accent circonflexe, et n'est donc pas un strict homographe des mots ci-dessus.

MÔME

Un môme, c'est un petit enfant. Le mot est épicène, on pourra donc dire une môme pour une petite fille.
Mais une môme, c'est aussi une jeune femme adulte. La *Jolie Môme* de Léo Ferré a passé l'âge de jouer aux billes, et « Ma môme, elle a vingt-cinq berges », chante Jean Ferrat. A ceux et celles qui verront là une volonté d'infantiliser la femme, voire un relent de pédophilie, on rappellera qu'un jeune homme séduisant se verra facilement taxer de beau gosse. Match nul.

MORNE

« Waterloo, Waterloo, Waterloo, morne plaine ». Cet alexandrin suffira à nous convaincre que Victor Hugo ne venait pas de La Réunion. Là-bas comme aux Antilles, un morne est tout le contraire d'une plaine, puisqu'il s'agit d'une petite colline isolée. En termes plus scientifiques, on appelle ça un inselberg.
La morne était un anneau qu'on posait sur la pointe d'une lance pour la rendre inoffensive. L'objet servait notamment à l'occasion des tournois, lors desquels il était assez mal vu de faire un trou dans l'adversaire. Le mot vient de morné, qui signifie émoussé. Ce qui en fait

un cousin de l'adjectif morne (triste, éteint) mais pas du morne au masculin qui a pour origine l'espagnol *morro*, signifiant monticule.

MORT

La mort est la cessation complète et définitive de la vie. Un mort est un individu qui a franchi ce cap sans retour. Au bridge, le mort est le joueur qui pose toute sa main sur la table et laisse son partenaire jouer ses cartes. Il assiste alors, impuissant et silencieux, à tout ce qui se passe jusqu'à nouvelle donne. Et si, par-delà la mort, c'était aussi le destin qui nous attendait... ?

MOUFLE

La moufle est un gros gant qui couvre tous les doigts et ne laisse libre que le pouce.
Le moufle est quant à lui un récipient ou une enceinte qui protège des flammes un objet que l'on met au four.
Le féminin protège du froid, le masculin protège du chaud. Amusante et unique répartition des genres.

MOULE

Le moule est un objet sculpté en creux, pour y recevoir une pâte ou un matériau en fusion et obtenir une forme en relief après séchage ou refroidissement. Il peut être réutilisé, notamment en cuisine, mais il est parfois à usage unique quand il faut le briser pour extraire l'objet fabriqué. Par analogie, le moule désigne le modèle sur lequel on a façonné un être. Ainsi Jean-Jacques Rousseau se demandait si « la nature a bien ou mal fait de briser le moule dans lequel elle [l]'a jeté ». Nous ne nous prononcerons pas.

La moule est un mollusque à valves oblongues qui vit volontiers sur les rochers, et finit volontiers dans nos assiettes. Ce n'est pas l'animal le plus vif de la création. Aussi traite-t-on de moule une personne molle et sans initiative. Encore une injure féminine pouvant s'appliquer à un homme (voir le mot légume).

Le moule vient de *modulus*, qui a aussi donné module et modèle. La moule n'est pas du tout de la famille. Son ancêtre est *musculus*, mot latin qui signifie littéralement petite souris, et désignait la moule aux temps des Romains.

D'un point de vue zoologique, la souris et la moule n'ont pourtant pas d'autre rapport entre elles qu'une vague similitude de forme. Mais cette similitude a suffi à les rapprocher. Les Romains de l'Antiquité, comme plus tard les Européens du Moyen Âge et de la Renaissance, appréhendaient le monde en cherchant entre les choses des liens, des relations, des ressemblances. De là l'idée, qui avait cours au Moyen Âge, de prévenir les maux de tête en consommant des noix, puisque cerneau et cerveau se ressemblent, tant par la chose que par le mot. De là la tentation de lire dans le dessin des étoiles, des signes de ce qui se passe ici-bas. Et de là l'idée de donner le même nom à la souris et à la moule. Ce qui nous apparaît comme une pensée magique était donc avant tout une pensée analogique. À l'âge classique c'est le revirement total : on va se mettre à définir et à nommer les choses en cherchant en quoi elles diffèrent. Comme l'explique Michel Foucault dans *les Mots et les choses*, c'est cette bascule qui va ouvrir la voie aux temps scientifiques et à leur prétention de tout classifier, distinguer, cartographier, catégoriser, de tout séparer plutôt que de rapprocher, assimiler, relier.

Par ailleurs : en latin, *musculus* est masculin. Pourquoi alors moule est-il féminin ? Pour ne pas le confondre avec le moule ? On a vu maintes fois que l'argument ne tenait pas. Parce que sa vie végétative la rapproche d'une attitude prétendument féminine ? Parce que sa forme rappelle un sexe féminin, ce qui a d'ailleurs

inspiré le sens du mot moule en argot ? Rien ne nous permet de nous forger la moindre certitude.
Et enfin on peut s'étonner que *musculus* ait à la fois donné le nom de la molle moule, et celui du viril muscle. La langue ne cesse de nous réserver des surprises...

MOUSSE

La mousse c'est la légèreté, qu'elle désigne la plante qui couvre les rochers et les troncs d'arbre, une matière plastique ou un liquide contenant une multitude de bulles d'air, une préparation culinaire très aérée, ou encore l'écume d'une bière.
Le mousse ne pèse pas lourd non plus. C'est le jeune apprenti marin qui se coltine toutes les tâches ingrates à bord du navire. Son nom ne vient pas de la mousse du savon avec lequel il récure inlassablement le pont, mais de l'espagnol *mozo*, qui signifie jeune garçon.

MUSETTE

« Jouez hautbois, résonnez musettes » chante-t-on à Noël. Mais de quel(le) musette parle-t-on ?

Écartons d'emblée la musaraigne commune, dont musette est un autre nom. Oublions aussi le sac qu'on porte en bandoulière. Cette musette-là, faite généralement de toile, serait bien incapable de produire la moindre résonance. On sent qu'on se rapproche quand on évoque la musette en vogue au XVIIIe siècle, cette danse de théâtre au tempo lent. On pense même toucher au but quand on en arrive au musette, style de musique qu'on jouait dans les bals canailles du Paris de l'entre-deux-guerres. Mais, quand même, on imagine mal de célébrer le divin enfant au son de *la Plus Bath des javas*... Non. La musette dont parle la chanson est en fait une espèce de cornemuse, dont on jouait dès le XVIe siècle, aussi bien dans les campagnes que dans les salons. Sa douce sonorité et sa richesse musicale lui valent de paraître dans les œuvres de grands compositeurs comme Rameau ou Chédeville. L'instrument quittera les beaux quartiers autour de la Révolution, mais cornemuses, musettes et cabrettes continueront à faire danser dans les campagnes. D'où le fameux bal musette, plus brièvement le musette, d'abord bal champêtre avant d'être importé dans la capitale par les Auvergnats de la rue de Lappe. Puis la musette sera supplantée par l'accordéon, mais son nom masculinisé restera durablement associé aux réjouissances dansantes du quartier de la Bastille.

N

NAPOLÉON

Le napoléon est une pièce d'or de vingt francs frappée à l'effigie de l'empereur Napoléon. Le premier, mais aussi le deuxième, c'est-à-dire le III.
La napoléon est un gros bigarreau rose à chair blanche et ferme. On est tenté de croire qu'elle fut nommée en l'honneur de l'empereur premier du nom, réputé pour être grand amateur de cerises. Mais la chose n'est pas attestée.

NEUME

La notation musicale telle qu'on la connaît, avec ses portées à cinq lignes et ses jolies petites notes aux allures de cerises, ne s'est imposée qu'à partir du xve siècle. Mais avant, comment écrivait-on la musique ? Avec des neumes. Le neume consistait en une succession de points carrés représentés d'abord sans portée, puis sur des matrices de seulement quatre lignes. En s'étoffant et en se standardisant, ces dessins ont évolué vers la notation musicale telle que nous la connaissons aujourd'hui.

La neume, pour sa part, consiste en une courte séquence mélodique chantée d'un seul souffle. Les deux mots viennent d'une altération du latin *pneuma*, souffle, qu'on retrouve aussi dans des mots comme pneumatique, pneumologie, etc.

NIELLE

Le nielle, c'est du travail d'orfèvre, au sens propre du terme. Il consiste effectivement en l'incrustation d'émail noir dans une plaque métallique. On peut ainsi nieller un bijou, un plat précieux, la lame d'une épée...

La nielle, de son côté, est une maladie qui affecte les céréales. Mais ce peut être aussi une plante, qui pousse parmi les blés. Comme ses graines sont toxiques, elles altèrent la qualité des farines quand elles sont moulues avec le bon grain.

Les deux mots dérivent du même *nigellus*, qui veut dire noirâtre en latin (à rapprocher de *niger*, noir). Au masculin le sens positif, au féminin le sens négatif.

O

OCRE

L'ocre, nom féminin, est une terre argileuse riche en oxydes de fer, dont on se sert comme colorant. La couleur obtenue est l'ocre, nom masculin comme celui de toutes les couleurs (voir mauve).

ŒUVRE

L'opéra, c'est du boulot. D'ailleurs le mot latin *opera* signifie travail, activité. C'est de lui que dérive le mot œuvre. Le lien ne saute ni aux yeux ni à l'oreille. Il s'est produit ce que les linguistes appellent une réduction, une évolution de la prononciation dans le sens du moindre effort. P devient B qui devient V. C'est ainsi qu'au fil des siècles *opera* se transforme en œuvre. Les Espagnols ont été moins fainéants que nous sur ce coup-là puisque dans leur langue le mot œuvre se dit *obra*,

réduction moins jusqu'au-boutiste du même *opera*.
Conformément à l'étymologie, le mot œuvre recouvre donc l'idée d'activité ou de réalisation humaine. Aujourd'hui son emploi au féminin prédomine : les belles œuvres d'un artiste sont ses créations, les bonnes œuvres sont des actions charitables, les basses œuvres des actes inavouables. Et quand Françoise Gilot tomba enceinte des œuvres de Picasso, le papa n'était pas le minotaure, mais bien le peintre lui-même.

À ces sens déjà très variés, le recours au masculin permet d'apporter d'appréciables variantes. Ainsi, l'ensemble des œuvres peintes par ce même Picasso constitue son œuvre peint. Pour une fois c'est le masculin qui exprime la généralité, l'ensemble, et le féminin le particulier. Par ailleurs, dans les métiers de la construction on parlera de gros œuvre pour les travaux de structure, de second œuvre pour les travaux d'équipement et de décoration. Quant au grand œuvre, c'est le Graal des alchimistes, la transformation du plomb en or. Ils cherchent encore.
Et qu'en est-il du hors-d'œuvre ? Ce mot a d'abord désigné une partie en saillie d'une construction, d'un œuvre bâti, avant que, par analogie, on l'emploie pour parler d'un plat en supplément du repas proprement dit. On retrouve ici la même fonction du masculin et du

féminin que dans des mots comme ouvrage, orge, période ou aigle : un des genres porte le sens principal, l'autre assume des sens marginaux ou spécialisés, des nuances ironiques, péjoratives ou mélioratives.

OMBRE

Une ombre est une zone moins éclairée, du fait qu'un corps lui cache la source de lumière. Cette diminution de clarté, où peuvent se passer bien des choses, a valu au mot toute une flopée de sens annexes : être à l'ombre de quelque chose, c'est bénéficier de sa protection, mais être à l'ombre tout court, c'est croupir en prison. L'ombre ce peut être aussi l'anonymat, le doute, le mystère, le fantôme, l'ami inséparable, la silhouette... Mais aussi un poisson. Il est alors masculin, s'apparente au saumon et vit dans les cours d'eau rapides de l'Europe. Il doit son nom à la couleur sombre que prend madame quand vient la période du frai. En revanche la saison des amours fait à monsieur un ventre tout écarlate. La timidité peut-être...

OMNIUM

Aux XIXe et XXe siècles, un omnium est une société financière ou économique polyvalente, qui fait un peu de tout. Il peut aussi s'agir d'une course pour chevaux de tous âges, d'une compétition cycliste à plusieurs courses, d'un tournoi de golf ouvert aux pros comme aux amateurs.

Une omnium, en Belgique, est une assurance tous risques.

Omnis, en latin, ça veut dire « tout ». Idée qu'on retrouve peu ou prou dans toutes les définitions d'omnium.

ONAGRE

Un onagre est un cousin de l'âne, en plus grand et en plus fin, qu'on croise fréquemment dans les pays du Moyen-Orient. L'animal rue de façon spectaculaire, envoyant à tire-larigot des cailloux dans les airs. Pour cette raison, un onagre désigne aussi un type de catapulte en usage dans la Rome antique.

Une onagre est une plante cultivée pour ses grandes fleurs jaunes. Le rapport avec l'animal ? Elle est aussi appelée herbe aux ânes. Sans doute ces derniers en sont-ils friands. On l'appelle aussi jambon du jardinier. Selon certains, ses racines roses auraient effectivement un goût de jambon.

ORANGE

Selon Éluard, une orange est un agrume qui ressemble à une Terre bleue. Vers le XIIe siècle, l'Occident a d'abord connu l'orange amère, la bigarade, venue de Perse via l'Espagne. En s'inspirant de l'italien *melarancio*, on l'appela d'abord pomme d'orange, puis orange. Puis au XVIe siècle, les Portugais rapportèrent de Chine l'orange douce, qui supplanta la bigarade et s'accapara son simple nom d'orange.

L'orange au masculin c'est la couleur de l'orange fruit. C'est plus spécialement la lumière des feux de signalisation situé au-dessus du vert et signalant le prochain passage au rouge. Le nom de la couleur est venu du nom du fruit, mais n'a pas conservé son genre (voir mauve).

ORGE

L'orge est le nom d'une céréale commune dans nos pays tempérés. Son grain sert de nourriture pour les animaux, et fournit le malt nécessaire au brassage de la bière. Le mot est toujours féminin sauf lorsqu'on parle d'orge mondé, d'orge perlé ou d'orge malté. Dans le premier cas le grain est dépouillé de sa première enveloppe, dans le second cas de ses deux enveloppes et dans le troisième il a été transformé en malt et finira en bière ou en whisky.

ORGUES

Un orgue est un instrument de musique à clavier dont le son est produit par l'air soufflant dans tout un jeu de tuyaux. Orgue est toujours masculin au singulier, mais pas toujours féminin au pluriel. Quand on parle des grandes orgues, on désigne en fait l'ensemble des éléments constituant un seul et même grand instrument, l'orgue principal d'une cathédrale. Quand l'instrument est de plus petite taille, quand il est électrique ou de Barbarie, il reste masculin au pluriel.
Le mot orgue admet plusieurs sens annexes : les orgues de Staline étaient des canons, les orgues basaltiques

sont des pierres prismatiques disposées en colonne. Il y a même l'orgue de mer, animal marin dont les polypes s'agencent en tuyaux parallèles. Dans tous ces cas, le pluriel est masculin.

OUVRAGE

À plus d'un titre, ouvrage est proche du mot œuvre. Par son étymologie, c'est son descendant : ouvrage vient du vieux français *ouvraigne*, qui lui-même vient du mot œuvre. Par son sens, c'est son cousin : il désigne soit le produit d'un travail, soit le travail en train de se faire. Se mettre à l'ouvrage, c'est se mettre au boulot. Autre ressemblance avec œuvre : son sens s'infléchit légèrement quand il change de genre. De la belle ouvrage, c'est du travail bien fait. Mais l'expression comporte une pointe d'ironie que n'a pas le bel ouvrage.

P

PAGE

Une page est un des deux côtés d'une feuille de papier. Les progrès technologiques bousculent quelque peu cette définition. De même que depuis l'arrivée du CD les disques n'ont plus qu'une face, la page virtuelle de l'ordinateur n'a plus de dos. On ne sait trop s'il faut se réjouir ou s'inquiéter de vivre dans un monde où les revers disparaissent.

Mais ne nous plaignons pas et mettons-nous à la page, c'est-à-dire suivons la mode, conformons-nous à la nouveauté. Nous mettre au page nous demanderait moins d'effort, puisque le mot est alors un synonyme argotique de lit, comme pageot dont il dérive par apocope.

Le page, quant à lui, était un jeune garçon de noble naissance, attaché au service d'un roi, d'un seigneur ou d'une gente dame. De sept à quatorze ans, c'est à titre d'apprentissage de sa future vie de chevalier qu'il remplissait toutes sortes de fonctions pratiques, et même décoratives, comme à la Renaissance, où on le choisissait sur son apparence ou sa couleur de peau, où on l'habillait comme une poupée.

Tous ces mots ont des origines totalement disjointes. La page vient du latin *pagina*, qui a le même sens, le pageot dérive de paillot qui est une petite paillasse. Quant au noble page, sa provenance n'est pas solidement établie.

PAILLASSE

Dans toute la langue française, trouvera-t-on verrue plus infamante que le suffixe *-asse* ?

Pour ce qui est du monde inanimé, on ne l'associe guère qu'aux formes incertaines, aux choses de facture grossière : brumasse, filasse, godasse, ragougnasse, vinasse, paperasse...

Pour parler des humains, et surtout des femmes, il nous fait carrément basculer dans l'injure : grognasse, blondasse, pétasse, radasse, pouffiasse, connasse, hommasse... À la disposition des misogynes de tout poil, il n'y a pas plus performant que le suffixe *-asse* pour enfoncer le clou de leur profond mépris des femmes. Quelles armes ont-elles pour offrir une égale réplique ?

Le pendant masculin *-ard*, même s'il n'est guère flatteur (connard, bâtard, charognard) n'arrive pas à une telle violence. L'*-âtre* de bellâtre est tout juste dédaigneux, l'*-ouille* de merdouille trop rigolo pour faire vraiment mal. Dans nos contrées, comme la pétanque et le baby-foot, l'injure est avant tout un sport de mecs, et l'on pardonne moins facilement à une femme de s'y adonner. Déjà en son temps, Claude Favre de Vaugelas, éminent grammairien du XVIIe siècle trouvait « ces façons de parler incompatibles avec la délicatesse et la propreté de leur sexe »...

Et comment s'en sortent nos paillasses ?
À moins qu'on parle de la partie de l'évier où on laisse en vrac la vaisselle s'égoutter, le mot au féminin est effectivement péjoratif. Une paillasse, c'est un mauvais lit de paille, une maçonnerie lourdaude servant de support à des expériences. Mais c'est aussi une prostituée de bas étage, une pauvre fille à soldats, sur laquelle on s'allonge comme sur une vilaine paillasse.
Et le paillasse ? Comme le mot désigne un homme, la finale en *-asse* perd sa violence, mais pas tout son effet dépréciateur. Il s'agit d'un clown, d'un bateleur de foire, qui assure la promotion d'un cirque en singeant maladroitement les numéros du vrai spectacle. Mais c'est aussi un homme sans consistance, sans résolution.

Une fois encore, on dénigre le mâle en l'affublant d'un nom aux sonorités féminines.

Si la paillasse est immédiatement dérivée du mot paille, le paillasse en vient plus indirectement. Pagliaccio était un personnage du théâtre italien dont le vêtement rappelait la toile d'un sac de paille (*paglia* en italien).

PALME

Le pied, le pouce, le pas, la coudée, la toise... Bien longtemps les hommes ont surtout compté sur leur corps pour prendre la mesure du monde. Ainsi, le palme, du latin *palmus* signifiant paume, était une unité de longueur en usage dès l'Antiquité et durant tout le Moyen Âge. Il correspondait à peu près à la largeur d'une main adulte. Son emploi perdura jusqu'à la Révolution. La palme aussi fait référence à la paume de la main quand elle désigne la feuille du palmier, et divers objets qui en rappellent un tant soit peu la forme : celles que le plongeur porte aux pieds, celles que reçoit l'académicien ou le cinéaste, celles qui décorent les colonnes des palais antiques.

PANDORE

Le pandore, c'est le gendarme. Le terme est plaisant, mais pas pour autant amical : en voyant les braves pandores à deux doigts de succomber sous les coups des mégères gendarmicides, Georges Brassens ne se prive pas de crier « *hip hip hip hourra !* ». Le nom s'inspire du personnage d'une chanson populaire du XIXe siècle, elle aussi peu amène avec les représentants des forces de l'ordre.

Au temps de la musique baroque, la pandore était une sorte de luth à fond plat. Son nom est construit par imitation d'un mot grec qui désignait déjà un instrument de musique.

Contrairement à ce qu'on est tenté de croire, aucun des deux termes ne sort donc de la boîte de Pandore, la première mortelle de la mythologie grecque qui répandit sur terre tous les maux de l'humanité en soulevant le couvercle de son funeste coffret. On lui avait pourtant dit de ne pas l'ouvrir ! Ah ! les femmes, je vous jure...

PARALLÈLE

Parallèle est d'abord un adjectif. Deux droites parallèles sont deux droites situées dans le même plan et qui ne se croisent jamais. Toutes les substantivations du mot ne font que décliner ce sens premier. une parallèle, c'est une droite parallèle ; faire une parallèle, chez les militaires, c'est creuser une tranchée parallèlement au front. Alors que faire un parallèle, même chez les civils, c'est établir une comparaison entre deux sujets. Un parallèle enfin est un cercle virtuel à la surface de la Terre qui joint les points de même latitude.

PART

Un part, c'est une demi-part. C'est-à-dire ? Dans le vocabulaire du droit, le part est un nouveau-né. *Partus*, en latin, c'est l'accouchement, qu'on retrouve aussi dans parturiente, la femme qui accouche. Au moment de déclarer leurs revenus, les heureux parents pourront donc, ô joie, compter une demi-part en plus.

PASSE

Comme casse, et sans doute à cause de la finale en *-asse*, le mot passe s'emploie presque toujours au féminin. La passe que le footballeur adresse à son coéquipier, celle que la prostituée fait avec son micheton, celle, bonne ou mauvaise, qu'on traverse au gré des aléas de la vie, sont autant de passes féminines. Le mot connaît des sens spécialisés dans une multitude de domaines : les escrimeurs et les rhéteurs s'adonnent à des passes d'armes, les joueurs de casino misent sur les passes, les imprimeurs prévoient des passes (surcroît de papier pour parer aux ratés), et on en passe.

La liste est longue mais elle admet seulement deux masculins : depuis peu, il y a le passe, carte ou badge, qui offre un droit d'accès de manière forfaitaire à un lieu ou à un service. Et depuis longtemps il y a le passe qui ouvre toutes les serrures, abréviation de passe-partout. Il est masculin comme tous les mots composés dont le premier élément est un verbe : un aide-mémoire, un presse-purée, un tourne-disque... Une seule exception : la garde-robe.

Passe-partout occupe quand-même une place à part dans cette liste de noms composés. Il n'associe pas un verbe à un nom mais à un adverbe. Il a donc pu être abrégé sans perdre tout son sens (alors qu'il semblait plus difficile de transformer un rabat-joie en rabat, un mange-disque en mange). C'est le même sort qu'a subi réveille-matin. Cet appareil ne sert pas à réveiller le matin, qui se débrouille très bien tout seul, mais à se réveiller au matin (complément de circonstance). L'abréviation était donc possible. Ainsi apparut le réveille tout court, puis le réveil encore plus court, par imitation du mot existant.

Ainsi le passe-partout est devenu le passe. Ce mot prend un s au pluriel, alors que passe-partout est invariable.

PENDULE

Quoi de plus simple qu'un pendule ? Un fil avec au bout un poids qui pend, d'où son nom, et qui se balance, d'où son intérêt. Au début du XVIIe siècle, Galilée est le premier à étudier scientifiquement l'objet, et à imaginer les manières de tirer avantage de ses oscillations régulières. Il est en train d'ébaucher un projet d'horloge quand la mort le surprend (car même les esprits les plus éclairés sont surpris par la mort). Quelques décennies plus tard, le Hollandais Christiaan Huygens s'appuie sur ses travaux pour concevoir la première horloge à pendule, que par ellipse, on appellera bientôt la pendule.

Les expressions qui nous sont parvenues en disent long sur l'idée qu'on se fait de la pendule. C'est une belle mécanique : on dit « réglé comme une pendule ». Mais elle ne parvient pas à une précision parfaite, ce qui exige de régulièrement « remettre les pendules à l'heure ». Son gros défaut est surtout d'être un meuble

volumineux, d'où le désagrément d'en chier une.
Autant la pendule est massive, presque inamovible, autant le pendule est léger et sensible. Il oscille pour un rien, voire pour des motifs qui échappent aux perceptions humaines. C'est pourquoi depuis le XVIIe siècle on lui prête des pouvoirs magiques, notamment ceux de repérer les sources souterraines et de prédire l'avenir. Certains croient que ça marche. Mais ça marche surtout quand on y croit.

Voilà donc un des rares cas où le masculin désigne une petite chose gracile et capricieuse, le féminin un objet solide et massif. Pendule échapperait-il aux préjugés sur le genre ? Pas vraiment. Raoul de la Grasserie, un sociologue de la fin du XIXe siècle, vole au secours du masculin et lui donne le beau rôle en écrivant : « *La pendule contient le pendule qui en est l'âme et le principe d'activité* ». De même, quelques années plus tard, les linguistes Damourette et Pichon (voir le mot plastique) n'auraient pas manqué de faire remarquer que la pendule est une machine et que les machines, « *qui font toujours la même chose quand une puissance extérieure féconde leur passivité, ne pouvaient être que féminines* ». Et de citer la litanie des cafetières, lessiveuses, automobiles, moissonneuses...

PÉRIODE

Une période est une durée continue à laquelle on trouve une certaine cohérence. Par exemple, Picasso a eu sa période rose, Dalida sa période disco. Elle peut durer quelques dizaines de minutes, quand elle est synonyme de mi-temps, plusieurs jours si on parle d'une période de grand froid, des millions d'années s'il s'agit d'une période géologique. Dans tous les cas, elle contraste avec ce qui la précède et ce qui la suit. Elle suggère donc une vision d'un temps non pas continu, mais constitué d'une succession de phases distinctes.

Au féminin, le mot a trouvé emploi dans de nombreux domaines. Physique nucléaire, mécanique, musique, chimie, stylistique, astronomie, chacune à sa définition de la période. En revanche le période se fait rare. Il a servi à désigner le plus haut degré d'un phénomène, sa phase d'intensité maximale. Par exemple, Lamartine écrit dans *Voyage en Orient* : « *La peste était à son plus haut période d'intensité dans Jérusalem* ». Le terme ne se rencontre plus guère, l'usage lui préférant selon le cas summum, paroxysme, apogée, zénith, top niveau...

PERSE

Le vieux perse était la langue de l'Empire achéménide, qui s'étendait aux parages de l'Iran actuel il y a 2500 ans. Il est l'ancêtre du persan, que l'on parle actuellement dans ces mêmes régions.
La perse est un tissu d'ameublement originaire, non pas de Perse, mais d'Inde. Cette confusion sur la provenance du produit date du début du XVIIIe siècle. À l'époque, le Moyen-Orient connaissait une grande vogue à Paris, et tout se vendait pourvu que ce fût vaguement ottoman. Montesquieu aussi a su en tirer parti, avec ses fameuses *Lettres Persanes*.

PHYSIQUE

Depuis l'Antiquité, la science ne semble pas avoir cessé d'aller dans le sens de la spécialisation. Au départ est la philosophie. Puis s'en distingue la physique, partie de la philosophie qui se donne pour objet l'étude de la nature, toute la nature. Puis vient le XVIIe siècle où le champ de la physique devient la seule « *étude des propriétés des corps, et des lois qui modifient leur état et leur mouvement sans modifier leur nature* » (ainsi la définit le *Larousse encyclopédique*). Exit donc de son objet la médecine, la chimie, les sciences dites naturelles. Et progressivement on distinguera les physiques corpusculaire, astronomique, mathématique, relativiste, quantique, nucléaire,... Le morcellement des objets d'étude se poursuit à l'infini, et aujourd'hui on se gausse volontiers des sujets de nombreuses thèses, qui amènent tel chercheur à s'interroger durant des années sur les *Corrélations angulaires entre les fragments et les neutrons dans la fission spontanée de 252Cf et dans la fission induite de 235U par neutrons polarisés*, tel autre sur l'*Implication des récepteurs 5-HT2A dans la modulation des interneurones PKSg dans un contexte d'allodynie*. Le gâteau du savoir ne cesse de grossir, mais ses tranches sont de plus en plus fines.

De la physique est venu l'adjectif physique (ce qui se rapporte à la physique) puis le physique, par substantivation de l'adjectif. Le physique, c'est la constitution corporelle, la morphologie d'un individu, son aspect général. Certains ont un physique de théâtre, d'autres un physique de radio...

Avec physique, on retrouve donc une répartition des genres fréquente pour les noms en *-ique* : plastique, pneumatique, critique, topique... : le concept au féminin, le concret au masculin.

PIQUE

La pique, c'est ce qui pique. Ce fut d'abord une arme à long manche et au fer pointu. Plus courte que la lance, elle ne se jette pas mais se tient à la main pour trucider le barbare ou l'infidèle. Par analogie c'est aussi une parole blessante, cinglante et perfide.

Cœur, trèfle, carreau, pique : d'où viennent donc les enseignes des cartes à la française ? En fait on n'en sait trop rien. Parmi ses innombrables trésors, la Bibliothèque nationale conserve le plus vieux jeu de cartes connu où elles figurent, le jeu de piquet du roi Charles VII. Mais rien ne dit qu'elles ont été créées pour l'occasion. Sur leur signification, les plus éminents spécialistes en sont réduits aux hypothèses. Le père Claude-François Ménestrier en 1704 imagine que chaque symbole représente un des corps de la société : cœur pour l'église, pique pour la noblesse d'armes, carreau pour la bourgeoisie, trèfle pour les paysans. En 1720, le père Daniel conjecture qu'elles honorent les armées victorieuses de la guerre de Cent Ans : des piques pour les soldats, des carreaux pour les arbalètes, des trèfles pour les chevaux et du cœur au combat. En 1953, l'archéologue et historien Marcel Heuertz dit y voir la stylisation poussée à l'extrême des différentes postures que peut prendre un corps humain. Tout le monde imagine, personne ne convainc, et il faudrait un miracle pour qu'on exhume un jour l'hypothétique document révélant la mystérieuse genèse de ces enseignes, qui nous sont pourtant si familières.

Voilà donc *le* cœur, *le* trèfle, *le* carreau, mais *la* pique. C'est au XVIIe siècle que les joueurs de cartes, sans doute guidés par un souci d'uniformité, prirent définitivement le parti d'employer le genre masculin pour les quatre couleurs, y compris pour les piques.

PLASTIQUE

Le plastique c'est fantastique. Ses innombrables applications nous feraient presque oublier qu'on vivait sans lui il y a encore cent cinquante ans. C'est en 1862, à l'Exposition internationale de Londres, qu'un certain Alexander Parkes vient présenter au monde ébahi la parkésine, un étonnant matériau capable d'avoir, selon le cas, la dureté de l'ivoire ou la souplesse du caoutchouc, le tout associé à une étanchéité irréprochable. Dans le même temps, l'Américain John Wesley Hyatt met au point le moyen de fabriquer des boules de billard sans ivoire. Ainsi naît le celluloïd. Ainsi commence l'épopée du plastique. Jusqu'à quand durerat-elle ? Les réserves pétrolières mondiales s'épuisant, il est possible qu'il connaisse un net reflux. Mais qu'est-ce qui le remplacera ? Le bioplastique bien sûr ! La caséine du lait, l'amidon du maïs et même la sève de pissenlit permettent d'ores et déjà de synthétiser des substituts très convaincants. Et quand lait, maïs et pissenlit viendront à manquer... ?

La plastique aussi, c'est fantastique. Au sens premier, c'est l'art de sculpter, de façonner les formes. Passant de l'idée à la chose, le mot a ensuite désigné les formes ainsi façonnées, puis les formes humaines, féminines de préférence. On dit donc d'une femme belle qu'elle a une plastique avantageuse, une belle plastique.

Pourquoi dit-on *la* plastique, alors qu'on dit *le* physique ? La plastique c'est l'harmonie des courbes extérieures, c'est l'apparence ; le physique c'est le corps dans son épaisseur, le muscle et la charpente qu'on devine à la silhouette, c'est de la matière. De même que *le* plastique. En français le matériau s'est d'abord appelé la matière plastique. Par ellipse, le mot « matière » s'est vite effacé, mais au passage, le genre s'est inversé. En vertu de quoi ? On remarque que les matières solides les plus courantes ont toutes un nom masculin : le bois, le papier, le tissu, le carton, le verre, le métal en général et la plupart des métaux en particulier : l'or, l'argent, le cuivre, le fer,... Tandis que tout ce qui est plus ou moins liquide ou meuble aura plutôt un nom féminin : l'eau, l'encre, la peinture, la colle, la pâte, la bouillie...

Pour expliquer une telle attribution des genres, les linguistes Damourette et Pichon ont forgé un étrange concept : la sexuisemblance. Ils écrivent : « *Le problème essentiel, le problème sémantique est de savoir ce qu'est pour le psychisme du locuteur français la sexuisemblance, pourquoi son langage comporte du masculin et du féminin, et ne comporte pas d'autre classement général des substances prises en soi [...]. La répartition des substantifs français en masculins et féminins nous indique que le critère que le locuteur adopte pour classer les substances en semblables à lui et dissemblables à lui, c'est son propre sexe* ». L'homme, le mâle, juge que le solide est semblable à lui : les mots pour le désigner sont masculins. Il pense l'inverse des liquides : les voilà souvent féminins. Ce n'est pas systématique, mais la tendance est pour le moins sensible...

PLATINE

Justement, voici un nom de métal, masculin comme de juste. Et ce, malgré sa finale en *-ine* : hormis chine (voir ce mot) et les anglicismes marine et magazine, tous les autres noms communs de cette terminaison sont féminins.

Et dans le genre métal, le platine se pose là, dur, froid, résistant à la corrosion, ne fondant qu'à des températures extrêmes. Comment ce prodige de robustesse s'est-il retrouvé affublé d'un nom qui rime avec bottine et crinoline ? Le mot vient en fait de l'espagnol *platina*, dérivé de *plata* qui signifie argent.

Et ce *plata* espagnol, d'où vient-il ? Du latin *platus*, qui a d'abord voulu dire plat, puis aussi feuille de métal. C'est également l'origine de *la* platine, qui désigne généralement une pièce plate servant de support. Plus spécialement c'est le nom qu'on a donné au plateau tournant des électrophones, et par métonymie, à tout l'appareil lui-même. De même que les pendules n'ont plus de pendules, les platines n'ont plus à proprement parler de platine puisque les lecteurs CD se chargent désormais par des trappes ou des tiroirs.

PLEURITE

Comment inventer un nom de maladie ? C'est très simple. Vous prenez le nom de l'organe touché, de préférence en grec ou en latin pour faire plus scientifique. Puis vous y collez un suffixe.
C'est une inflammation ? Dans ce cas, vous ajoutez *-ite*. Néphrite, otite, tendinite... Sinon vous ajoutez *-ose* : névrose, scoliose, arthrose. Dans les deux cas, vous décrétez que le mot est féminin. Cas particulier : la maladie est d'origine tumorale. Vous ajoutez alors *-ome* (fibrome, sarcome) et vous décidez alors que le mot sera masculin.

Exercice de contrôle : qu'est-ce qu'une pleurite ?

Réponse : c'est une inflammation (finale en *-ite*) qui atteint la plèvre. Ca y est, vous savez nommer les maladies ! Il ne vous reste plus qu'à apprendre à les soigner. Mais cela nous emmènerait un peu loin.

Et le pleurite ? C'est une partie du corps de l'insecte, une membrane située sur chacun de ses flancs. Là où, grossièrement, se situe notre plèvre (*pleura* signifie côté en grec).

PLUME

Durant près de quinze siècles, tout en Occident s'est écrit à la plume d'oiseau. La plume d'oie principalement, mais aussi celle de corbeau, de cygne, de coq de bruyère, et même d'aigle et de vautour pour qui voulait écrire à grands traits. Le XIXe siècle annonça la fin de son règne, la plume métallique s'imposant peu à peu. En 1873, révolution : Mark Twain est le premier écrivain notable à remettre à son éditeur un manuscrit tapé à la machine. Puis viendront le stylo-bille, et tous les outils informatiques que nous connaissons.

Mais il n'y a pas que les poètes qui s'entendaient à plumer les volailles. Le duvet servait aussi à rembourrer oreillers et matelas, d'où le plumard, nom argotique du lit qui par apocope donnera le plume.

Par ailleurs, la plume est par excellence le symbole de la légèreté. C'est ainsi qu'en boxe, on a appelé un poids plume, puis un plume, un concurrent pesant de 54 à 57 kilos. Les adeptes du noble art doivent peu fréquenter les basses-cours, puisque dans leur domaine, les plumes pèsent plus lourds que les coqs.

PNEUMATIQUE

Notre ouvrage est bourré de *-tique*. À nouveau une idée générale au féminin, un nom d'objets au masculin. *Pneuma* en grec, c'est le souffle. La pneumatique désignera donc la discipline scientifique qui s'intéresse aux propriétés physiques de l'air. Mais ce fut aussi le nom donné par certains chrétiens à la connaissance des choses spirituelles, de ce qui relève de l'âme et flotte au-dessus de la lourdeur des corps. Comme Madonna, les gnostiques des premiers temps du christianisme auraient pu chanter « *We live in a material world* », nous vivons dans un monde matériel. Mais contrairement à la popstar, ils aspiraient et travaillaient à se libérer de cette gangue corporelle par la voie de la connaissance spirituelle, pour n'être plus que des êtres subtils, légers comme des souffles. Ceux qui aspiraient à cette impalpable perfection s'appelaient d'ailleurs eux-mêmes les pneumatiques.

Le pneumatique d'un véhicule n'est pas plein d'esprit, mais plein d'air. Cette solide enveloppe de caoutchouc assurant à la fois adhérence et souplesse de la conduite, est l'enfant de l'Écossais John Boyd Dunlop, qui commença à la commercialiser en 1889.

Mais à cette époque en France, le mot pneumatique désignait tout autre chose. En 1868, à la fin du Second

Empire, on entreprit d'installer dans les égouts et les galeries souterraines de Paris tout un réseau de tubes d'acier. Dans ces tubes, propulsées par de l'air sous pression, des missives enroulées dans des cylindres filaient à toute allure d'un bureau télégraphique à l'autre, à la vitesse d'un kilomètre à la minute. A son apogée, ce réseau parisien atteindra 450 kilomètres de conduites et distribuera chaque année jusqu'à 30 millions de « petits bleus ». Le service aura perduré jusqu'en 1984, victime des nouveaux moyens de communication et de chroniques soucis de maintenance. Mais il subsiste encore dans certaines administrations. Il se dit même qu'entre l'Élysée, Matignon et le Palais-Bourbon, on garderait en état un réseau de tubes afin de pouvoir pallier toute détection des autres moyens de communications, notamment en cas de guerre. On n'est jamais trop prudent.

POÊLE

La poêle est un ustensile de cuisine rond et métallique qui permet de cuire les aliments à feu vif. On la tient par un long manche qu'on appellera plutôt une queue, d'où l'ancienne expression « tenir la queue de la poêle », c'est-à-dire être celui qui mène la danse.

Le poêle est quant à lui un appareil de chauffage en fonte, éventuellement en faïence. Il renferme une chambre de combustion qui lui assure une chaleur forte et continue. Le combustible a d'abord été du bois, puis du charbon. Puis vinrent le mazout, le gaz, l'électricité.

La poêle et le poêle peuvent donc être du même métal, et l'on peut mettre l'une à chauffer sur l'autre. On imagine donc les deux mots proches cousins. Les étymologistes nous détrompent. La poêle vient du latin classique *patella*, un petit plat qui servait lors de sacrifices. Le poêle vient de *pensilis*, qui veut dire suspendu ou bâti sur voûte. On fait là référence aux chambres souterraines chauffantes au plafond voûté, sur lesquelles étaient construites les maisons et les bains thermaux romains. *Patella, pensilis* : voilà plus de cinq cents ans que ces deux mots ont entrepris leur rapprochement, jusqu'à adopter la même orthographe au XVIIIe siècle. À nouveau, l'usage a tendu à confondre deux mots nettement distincts mais exprimant des idées voisines, plutôt que leur conférer un signe distinctif autre que la différence de genre.

Par ailleurs : connaissez-vous Villedieu-les-Poêles ?
Depuis le Moyen Âge, cette petite ville de la Manche s'est fait une spécialité de la fabrication de casseroles, poêles (au féminin) et poêlons. Ses nombreux

dinandiers, les ouvriers qui travaillaient le cuivre et le laiton, y passaient de longues heures à marteler le métal pour le façonner, ce qui les rendait complètement sourds. De là le nom des habitants de la bourgade : les Sourdins.

Le poêle est aussi un drap mortuaire dont on recouvre un cercueil lors d'un enterrement catholique.

POLITIQUE

La politique est l'art et la pratique de diriger la chose publique, et tout spécialement un État. La politique d'un gouvernement, c'est l'ensemble de ce qu'il met en œuvre pour mener au mieux les affaires du pays. Par extension, la politique d'une entreprise, d'un groupe, voire d'une personne est la ligne directrice des actions qu'il ou elle engage.
Le politique, c'est la personne qui met en œuvre une politique, ou qui aspire à le faire. Le mot est théoriquement épicène, mais il est bien rare qu'on dise d'une femme députée ou ministre qu'elle est une politique.
Un politique et un politicien, est-ce la même chose ? La nuance est ténue, et joue en défaveur du politicien, à la

connotation plus péjorative. Le politicien est plutôt le besogneux de la profession, pas toujours irréprochable quant à sa compétence et à sa probité. Pas un politicard, mais pas loin. Le politique, lui, serait plutôt celui qui maîtrise, ou prétend maîtriser les subtilités de l'art politique, celui qui, dans la conduite des affaires, donne la préséance aux considérations d'ordre politique sur toutes les autres considérations (économiques, techniques, sociales, culturelles...). Le summum du politique ce n'est plus seulement l'homme mais l'animal politique. Lui se voit comme un grand fauve, un aigle royal. Vu de l'extérieur, il oscille plus souvent entre la hyène et le jeune coq.

La discipline au féminin, l'acteur au masculin, comme bien souvent avec les mots en *-tique*. Mais le politique peut aussi désigner l'ensemble de ce qui est politique, de même qu'on parlera du religieux, du social, etc...

PONTE

La ponte c'est l'action de pondre, ou son résultat. On ne pond pas que des œufs, mais aussi des œuvres, des décisions, et bien d'autres choses encore.

Dans divers jeux de casino, un ponte est un des joueurs qui jouent contre la banque. Le mot en est venu à désigner aussi un individu riche et puissant, un homme du sérail, qui fait autorité. Car il faut être à la tête d'une coquette fortune pour sans compter ponter, c'est-à-dire mettre en jeu, sortir les billets comme les poules pondent leurs œufs. Ponter et pondre et, donc, le et la ponte, viennent tous du même verbe latin *ponere*, qui signifie poser.

POSTE

Un poste est un lieu auquel un individu ou un groupe est assigné, temporairement ou durablement. Qu'il s'agisse du poste de travail, de combat, de gardien de but, de contrôle ou de garde, il importe d'être fidèle au poste, là où l'entraîneur, le supérieur hiérarchique a jugé bon de vous poster.
À l'origine, c'était la même idée de lieu fixe, sur la présence duquel on peut compter, qu'on retrouvait dans la poste. Ce fut d'abord un relais de chevaux, un lieu pour reposer sa monture, voire en changer, lors d'un voyage terrestre au long cours. Puis, à partir du XVIIe siècle, ces établissements essaimés sur le territoire ont servi d'appui pour l'acheminement et la distribution du courrier. C'est sous la Révolution que tout ce réseau devient service public et se retrouve administré par

l'État. Les postes sont nées. Viendront les P & T (Postes et Télégraphes) puis les PTT (Postes, Télégraphes et Téléphones) et enfin la Poste en 1991.

On compte donc sur le poste pour être fixe, et sur la Poste pour être rapide, comme en témoigne l'hirondelle qui lui sert de logo. Les deux mots, viennent tous deux du latin *ponere*, poser, que nous avons déjà croisé à l'article précédent.

POURPRE

Le pourpre est un rouge foncé tirant sur le violet. Dans l'Antiquité, il occupe un rang très élevé dans la hiérarchie des couleurs. Cléopâtre en fait teindre les voiles de sa galère. À Rome, seuls les dignitaires de haut rang peuvent s'en parer. Il faut dire que la pourpre, la matière colorante qui permet d'obtenir le pourpre, ne se trouve pas sous le pied d'un cheval, mais plutôt dans la coquille d'un gastéropode marin, également appelé le pourpre, et qu'il faut jusqu'à 8000 de ces escargots de mer pour en produire un malheureux gramme. Pour prévenir la pénurie, Néron ira jusqu'à ordonner la peine de mort pour quiconque sera pris en flagrant délit d'arborer tout habit de l'impériale couleur.

Au fil des siècles, cette couleur conservera son prestige

particulier, puisque les cardinaux de l'église catholique s'en vêtiront à leur tour. Par métonymie, la dignité de cardinal est même quelquefois appelée la pourpre.

PRÉTEXTE

Un prétexte est une explication fallacieuse que l'on avance pour masquer de vraies motivations. Mais on peut aussi se cacher derrière une prétexte. Dans l'antiquité romaine, c'était une toge blanche bordée de pourpre dont le port était réservé aux sénateurs, aux magistrats mais aussi aux tout jeunes patriciens.
Cette surprenante homonymie s'explique par l'origine commune des deux mots. En latin *praetextus* désigne l'action de mettre devant. Le prétexte est mis devant la vraie raison ; dans la toge prétexte, c'est le liseré de pourpre qui est mis devant, sur le bord de la toile blanche.

PSYLLE

L'union fait la force, telle pourrait être la devise de la psylle. Ce petit insecte sauteur et suceur ne mesure guère plus de 2 à 3 millimètres, mais pour peu qu'il agisse en bandes il peut causer la perte de tout un verger. Infatigable pompeuse de sève, la psylle dessèche les feuillages et s'attaque même parfois directement aux fruits. Malgré sa petite taille, la bestiole sait se défendre. Ses sécrétions lui servent à dégoûter certains prédateurs et à résister aux agressions, et ses pattes arrières renforcées lui permettent de bondir comme une puce (qui se dit d'ailleurs *psulla* en grec). Disons le mot : une sale bête.

De son côté, le psylle agit seul. C'est un charmeur de serpents. Mais comment sa musique parvient-elle donc à séduire un animal complètement sourd ? En fait ce ne sont pas les douces mélodies du psylle qui subjuguent le reptile, mais les coups que l'homme frappe sur le sol avec ses pieds, ainsi que les mouvements qu'il imprime à son instrument.
Son nom vient de celui des Psylles, peuple antique d'Afrique du nord dont les membres étaient censés être immunisés contre les morsures venimeuses.

PUPILLE

Rares sont les mots en *-ille* qui soient masculins. Pupille est l'un d'eux quand il désigne un enfant placé sous la protection d'une collectivité, en particulier de l'État, quand ses parents sont défaillants ou disparus. Pupille de la nation, c'est la classe au-dessus. Accèdent à ce statut les orphelins de guerre ou les enfants de pensionnés de guerre devenus incapables d'élever leur progéniture.

Le terme s'applique aussi à une catégorie d'âge dans certains sports. Au football, par exemple, on est pupille entre 11 et 12 ans, après avoir été poussin et avant de devenir minime. Le mot est en fait épicène, puisqu'une footballeuse du même âge sera appelée une pupille.

Mais une pupille c'est aussi l'ouverture centrale de l'iris d'un œil. La pupille et la prunelle, quelle différence ? Aucune, si ce n'est que le deuxième mot est un peu vieilli. Aujourd'hui il trouve surtout son usage dans les expressions soulignant son caractère précieux, y tenir comme à la prunelle de ses yeux, par exemple. Petite chose irremplaçable et fragile, la pupille réclame soin et protection, au même titre que le pupille. Les deux mots ont la même étymologie. Ils dérivent du latin *pupula*, qui signifie petite fille.

Q

QUADRILLE

Le mot quadrille a d'abord été employé au féminin pour parler d'une troupe de cavaliers prenant part à une parade, dans un carrousel. Par analogie avec ce ballet équestre, le mot, devenu masculin au passage, en est venu à désigner une danse, très en vogue dans les salons bourgeois du XIXe siècle. Pour la danser, il faut être quatre couples, et avoir une sacrée mémoire. Elle se décompose en effet en pas très élaborés et précisément codifiés. C'est à cet aspect très compliqué de la danse que pensait sans doute Sacha Guitry quand il écrivit *Quadrille*, pièce de boulevard où deux femmes et deux hommes s'enferrent dans un imbroglio amoureux. Par extension, une musique composée spécialement pour cette danse s'appellera aussi un quadrille.

Par ailleurs, le quadrille est un jeu de cartes qui se joue à quatre.

On pressent que le chiffre quatre est pour beaucoup dans la formation du mot quadrille. Et on n'a pas tort. Le terme constitue un emprunt à l'espagnol. Dans cette langue, *cuadrilla* désignait au Moyen Âge la division d'une armée en quatre parties égales en vue de la répartition d'un butin. D'où les quadrilles, subdivisions composant un carrousel.

QUEUX

Le queux c'est le coq, pas le mâle de la poule mais le cuisinier.

La queux c'est une pierre à aiguiser. Les deux termes sont étrangers l'un à l'autre, et on se demande bien ce qui a fait ainsi converger des mots aux origines si dissemblables. Le premier vient de *coquus*, cuisinier en latin, et nous est parvenu par le néerlandais *kok* (qu'on retrouve dans l'anglais *to cook*, cuisiner). Le second vient de *cotis*, signifiant déjà pierre à aiguiser. Qui se ressemble peu s'assemble aussi parfois.

QUINTEFEUILLE

On le devine aisément : les quintefeuilles ont cinq feuilles. De quelles feuilles s'agit-il ? Tout dépend du genre qu'on emploie et du domaine dont on parle.

La quintefeuille est d'abord une plante cousine du rosier. Chez elle tout va par cinq : les folioles de ses feuilles, les pétales de ses petites fleurs jaunes.

La quintefeuille est aussi une figure d'héraldique. Dans le métier, on appelle ça un meuble. Celui-ci consiste en une petite fleur trouée en son centre et dont les cinq pétales sont légèrement pointus.

Le quintefeuille est quant à lui un terme d'architecture. Il s'agit d'une rosace ou d'un motif à cinq lobes. Curieusement son orthographe se démarque de celle de son petit frère le quatre-feuilles, sans doute par imitation des autres quintefeuilles.

R

RADE

Dans un port, la rade est un vaste bassin donnant sur la mer où les navires peuvent venir mouiller. De son côté le rade sert plutôt à venir s'humidifier le gosier. À l'origine c'était le nom argotique du comptoir, puis par extension il a désigné le débit de boisson tout entier. Il n'a qu'un très lointain rapport avec la rade, puisqu'il s'est formé par apocope du mot radeau, rappel métaphorique de sa mission de frêle esquif pour naufragés de l'existence.

Et que se passe-t-il quand on reste en rade ? Cela ne consiste pas à traîner au bistrot, mais plutôt à devoir demeurer dans le bassin du port. L'expression signifie plus largement être en panne, ne plus pouvoir avancer.

L'argot fournit encore un autre sens au mot : faire le rade, c'est faire le trottoir. D'où le terme radasse pour désigner la prostituée. Aucun lien n'est établi avec les deux rades précédents.

RÉCLAME

Nous sommes en 1910, dans la Russie tsariste. Un condamné à mort monte à l'échafaud. Avant de laisser le bourreau faire son office, l'homme se tourne une dernière fois vers la foule et lui lance de toutes ses forces : « Buvez du cacao Van Houten ! ». Puis l'homme est exécuté. Sa famille touchera l'argent.

L'anecdote est strictement véridique. Il y a plus de cent ans, avant même l'invention des mignons Bébés Cadum (1912), et autres sympatoches Dubo Dubon Dubonnet (1932), la publicité s'employait déjà à explorer toutes les ressources de l'obscénité. On l'appelait alors la réclame. Elle avait envahi les journaux depuis 1836, lorsque Émile de Girardin publia dans son quotidien *La Presse* les toutes premières annonces à caractère commercial.

Pourquoi ce nom de réclame ? Le terme n'est pas à rapprocher du verbe réclamer, qui exprime l'idée d'une demande insistante. On trouvera plutôt son origine aux premiers temps de l'imprimerie : la réclame était alors un mot imprimé à la fin d'une page et annonçant le premier mot de la page suivante. Dans le même ordre d'idée, au théâtre, la réclame était le nom donné au dernier mot d'une réplique, qui alertait le partenaire qu'il allait bientôt pouvoir caser la sienne.

Le mot réclame avait donc bien déjà le sens d'annonce et de rappel, quand furent inventés les entrefilets à caractère publicitaire.

De même le réclame sert à rappeler : c'est un cri ou un signal à destination d'un faucon, afin qu'il revienne vers son maître. Les deux mots sont issus de l'ancien français *reclaim* signifiant rappel, mais aussi appeau, leurre.

RÉGALE

En latin, *regalis* signifie royal. De là la régale, le droit que les rois de France avait sur les diocèses dépourvus de titulaire. Par survivance, le terme s'emploie encore en Suisse pour désigner ce qui relève du monopole de l'État.

Il est possible, mais ce n'est pas sûr, que *regalis* soit aussi l'origine du régale, instrument médiéval à vent et à clavier, proche cousin de l'orgue.

RELÂCHE

Pour la soirée du 27 novembre 1924, le théâtre des Champs-Élysées annonce la création du spectacle *Relâche*. Le programme concocté par le poète surréaliste Francis Picabia associe un ballet instantanéiste en deux actes composé par Erik Satie et chorégraphié par Jean Börlin, la projection à l'entracte du film... *Entr'acte* de René Clair, et en complément la saynète *la Queue du chien*, de Picabia lui-même. L'événement promet, d'autant que l'affiche conseille : « *Apportez des lunettes noires et de quoi vous boucher les oreilles* ».

Mais quand les spectateurs se présentent à l'entrée, ils trouvent porte close. Le théâtre ne jouera pas *Relâche*, car ce soir-là il fait relâche. Un relâche, c'est la fermeture occasionnelle d'une salle, motivée soit par une circonstance accidentelle, soit par une répétition générale. Encore un coup du trublion Picabia, pense la foule qui ne veut pas se disperser et fait le pied de grue en attendant la fin du canular. Elle attendra longtemps : le relâche est bien réel et a pour cause la maladie du chorégraphe. Pris au piège de leur titre facétieux, les organisateurs de la soirée ont toutes les peines à renvoyer chacun chez soi, en attendant le rétablissement de Jean Börlin. La première aura finalement lieu quelques jours plus tard.

Il n'y a pas que les théâtres qui font relâche, les marins aussi. Le mot est alors féminin et désigne une brève escale en cours de route, afin de procéder à un ravitaillement, un débarquement ou un embarquement.

Précision : lorsqu'on travaille sans relâche, on trime, non pas sans faire escale, mais sans s'accorder le moindre relâche, le moindre repos.

RENCONTRE

Bien avant les *Rencontres du troisième type* de Steven Spielberg, les héraldistes avaient inventé les rencontres du deuxième genre. Pour eux, un rencontre est la représentation sur un écu d'une tête de gros mammifère (cerf, taureau, bélier,...) vue de face.
C'est en fait le même mot que la rencontre, à savoir le fait de se retrouver en présence d'une autre personne, éventuellement pour la première fois, et originellement dans le but de la combattre. Mais les héraldistes sont les seuls à lui avoir conservé son genre d'origine, celui qu'il avait au Moyen Âge.
Mais pourquoi les héraldistes ont-ils cette étrange habitude de ne jamais « genrer » comme les autres ? Pour élucider ce mystère, revenons aux origines de leur discipline. Au XIIe siècle, les progrès de l'armement poussent les chevaliers à porter des heaumes au combat, ce qui a pour effet de masquer leur visage. Batailler sans se faire connaître est inconcevable pour un homme d'honneur. Aussi prend-on l'habitude de dessiner sur son

bouclier ce qu'on appellera plus tard son blason, agencement de figures colorées propres à chaque famille.

Tout chevalier se doit d'avoir à son service un héraut. Son rôle est de porter les messages, de transmettre les déclarations de guerre, mais aussi d'annoncer les tournois. Il lui incombe également de les commenter en direct à l'attention du public, et notamment d'expliquer qui se cache sous le métal des armures, en détaillant la composition des armoiries. C'est ainsi que les hérauts développent le langage héraldique, tous les mots et formules servant à décrire les blasons des chevaliers qui s'affrontent. Au fil des siècles, ce langage s'élabore et se fixe. Pour rendre leur fonction indispensable, les hérauts le complexifient délibérément, le chargeant d'archaïsmes et de termes spécifiques, jusqu'à le rendre inintelligible au commun des mortels. Par exemple, si l'on vous dit « *de gueules à la nef équipée et habillée d'argent voguant sur des ondes du même mouvant de la pointe, au chef cousu d'azur semé de fleurs de lys d'or* », que voyez-vous apparaître ? Si vous avez reconnu les armes de la Ville de Paris, vous êtes vraiment un héraut.

C'est donc par fidélité au vocabulaire du Moyen Âge, mais aussi par souci de distinction, que les héraldistes ne causent pas comme tout le monde.

RHINGRAVE

Dans la hiérarchie de la noblesse allemande, le grave correspondait à notre comte. Ce titre était complété d'un préfixe selon le domaine ou la charge confiée à son détenteur. Un burgrave défendait un bourg ou une forteresse, un margrave s'occupait d'une marche, c'est-à-dire une région périphérique de l'Empire germanique. Et le rhingrave surveillait donc le Rhin.
À côté de leur vocation guerrière, les rhingraves se souciaient aussi de leur élégance. L'un d'eux, le seigneur Frédéric de Neuviller, gouverneur de Maastricht, fit sensation à la cour du jeune Louis XIV en arborant des hauts-de-chausses bouffants et noués juste au-dessous du genou. Ainsi fut lancée la mode de la rhingrave, de ses fines dentelles et de ses rubans multicolores, en cette époque où il était de mise d'afficher par le vêtement son raffinement autant que sa richesse.

ROCAILLE

Broussaille, pierraille, mitraille, piétaille : le suffixe *-aille* véhicule souvent l'idée d'une accumulation désordonnée. Il donne généralement des noms féminins, même lorsque le mot suffixé ne l'est pas (cochonnaille, ferraille,…). Il en va ainsi de la rocaille, mot construit à partir du roc, et qui désigne un lit de cailloux qui jonchent le sol. Pour peu qu'on l'agence avec soin et qu'on y mêle quelques coquillages, cet amas pierreux peut malgré tout donner un aimable décor, qu'on appellera un jardin de rocailles, ou une rocaille tout court. Ces compositions inspirèrent même une mode décorative sous la Régence, appelée le style rocaille, ou plus brièvement le rocaille. Ferronniers, architectes, ébénistes s'en donnent alors à cœur joie pour charger leurs créations de volutes et de coquilles. On nage en plein rococo, version la plus exubérante et la plus débridée du style baroque.

ROMANCE

> *C'est la romance de Paris*
> *Au coin des rues elle fleurit*
> *Ca met au cœur des amoureux*
> *Un peu de rêve et de ciel bleu.*

Ces quatre vers de Charles Trenet suffisent à définir ce qu'est la romance, chanson ou poésie sentimentale et mélancolique, qui console autant qu'elle émeut.
Gare au faux ami : en anglais, *romance* est aussi une

histoire d'amour, sens qu'elle n'a pas en français.

Bien avant les douceurs et les naïvetés de la romance, il y eut le souffle et le lyrisme du romance. Ce genre de poème en vers se pratiquait dans l'Espagne du XVe siècle pour glorifier les faits d'armes et conter les amours contrariées des grands du royaume. Le romance eut une grande influence sur toute la littérature espagnole du siècle d'or, celui de Cervantes et de Tirso de Molina. Il inspira jusqu'aux auteurs français comme Pierre Corneille, qui y trouva la matière de son *Cid*.

ROSE

Le rose est la couleur de la rose. Chez nous il est la couleur de l'érotisme (Eros et rose sont d'ailleurs anagrammes). Aux États-Unis c'est le bleu, en Chine c'est le jaune.

Aussi sûrement que la jupe et les couettes, le rose c'est pour les petites filles, alors que le bleu c'est pour les petits garçons. Depuis quand ? Cent ans à peine. Auparavant, tous les enfants étaient en blanc. Et on les reconnaissait quand même...

Et si le rose est aussi devenu la couleur associée à la cause gay, c'est par référence au triangle rose dont les nazis imposaient le port à tout homme ayant enfreint la loi sur l'homosexualité masculine.

La rose est une fleur qui n'est pas toujours rose, mais c'est à cette teinte rouge très pâle que notre vocabulaire a choisi de l'associer. Voilà plus de 5000 ans qu'on la cultive. Autant que les jardiniers, elle aura beaucoup inspiré notre langue, qui se réfère volontiers à sa fraîcheur (être frais comme une rose), à la brièveté de son existence (ce que durent les roses...), à son parfum délicat (hum, ça ne sent pas la rose, ici...), et jusqu'à la traîtrise de ses piquants (il n'est pas de rose sans épines). On l'aime tellement qu'on la voit où elle n'est pas : la rose trémière, la rose de Jéricho, la rose d'Inde, ne sont pas des roses, pas plus que le bois de rose ne vient du rosier, mais de divers arbres exotiques, selon qu'on l'utilise en parfumerie ou en ébénisterie.
Et quand quelqu'un pousse mémé dans les orties, pourquoi se propose-t-on en retour de l'envoyer sur les roses ? Pour qu'il goûte de plus près au charme de ses épines ? Sans doute faut-il voir là juste une antiphrase, où l'on feint de promettre la douceur à celui qu'on éconduit.
Rose, Marguerite, Véronique, Angélique, Églantine, Garance, Capucine, on donne volontiers aux filles nouveau-nées des prénoms qui sont aussi des noms de

fleurs. Même si ce nom est lui-même masculin : 2010 a vu naître plus de 400 Camélia, autant d'Iris, 180 Lilas, une trentaine de Dahlia, et même une poignée de Magnolia. À l'inverse, très peu de prénoms masculins sont aussi des noms de fleurs. On ne peut guère citer que Hyacinthe, Narcisse et Adonis, mais c'est avant tout en référence aux trois beaux jeunes hommes de la mythologie grecque qu'on baptise ainsi certains garçons. Dans notre imaginaire, la fleur évoque donc la femme. Elle en partage les vertus et les travers supposés : délicatesse, douceur, fragilité. C'est elle qu'on cueille, elle qui s'ouvre, elle qu'on féconde. Et pourtant, les noms de fleurs sont majoritairement masculins. Certes il y a la tulipe, la jonquille, la pensée, l'amaryllis et bien d'autres, mais il y a le lys, le souci, le pavot, le coquelicot et encore plus d'autres. Il y a surtout le bégonia, le forsythia, le fuchsia, le pétunia, le seringa, l'hortensia... mais pourquoi tant de *a* ? En latin, cette voyelle est la marque du pluriel des noms en *-um* (pilum, forum,...) qui sont généralement du genre neutre. Or presque tous les neutres latins sont devenus masculins en français. Les noms français de fleurs et leur genre ont été déterminés à l'imitation de ce principe.

Pour les Romains, donc, les fleurs, en tant que choses inanimées, étaient neutres, ni masculines, ni féminines.

Elles n'étaient d'aucun sexe. Nous le savons aujourd'hui : elles ont les deux. A quand un nouveau genre, ne serait-ce que pour parler des fleurs ?

S

SAGITTAIRE

Si vous êtes né entre le 23 novembre et le 21 décembre, vous êtes un sagittaire. Ce signe astrologique est généralement représenté par un centaure bandant son arc. Ca tombe bien : *sagitta*, en latin, signifie flèche. Et la pointe de flèche est justement la forme des feuilles de la sagittaire, petite plante à fleurs blanches qui pousse dans les eaux des rivières.

SARCOPHAGE

En grec *sarcos* signifie chair, viande. Littéralement, le sarcophage c'est celui qui dévore la viande, qui consume les chairs. Lorsque les premiers Grecs faisaient reposer un cadavre dans un sarcophage, généralement de pierre, ils ne visaient pas à lui assurer une meilleure conservation, mais bien plutôt à hâter sa décomposition.

Lorsqu'on donne le nom de sarcophages aux fameux cercueils des Pharaons, on contredit donc totalement la destination que les Égyptiens leur donnaient. Ceux-ci croyaient en une vie dans l'au-delà. D'où la volonté de conserver les corps par-delà la mort, par l'embaumement et la momification, d'où la présence dans le tombeau de tout ce qui pouvait agrémenter la nouvelle vie du défunt, et lui rappeler son existence terrestre. Ce tombeau lui-même avait la forme d'une barque, pour lui permettre de voguer vers de nouvelles aventures...

Le mot de sarcophage a repris du service à la fin du siècle dernier, et dans des conditions tout aussi macabres. C'est ainsi qu'on a appelé l'immense masse de béton déversée en urgence sur le réacteur de la centrale nucléaire de Tchernobyl, afin de limiter la dissémination de sa radioactivité. Depuis lors, cette chape s'est fissurée de toutes parts, à tel point qu'on a récemment lancé la construction d'un second sarcophage englobant le premier. Un milliard et demi d'euros de travaux. Cocorico : ce sont des entreprises françaises qui ont remporté le marché. Vous le voyez bien que le nucléaire crée des emplois.

Et la sarcophage ? C'est l'autre nom de la mouche grise.

Ce diptère se nourrit de cadavres, d'excréments, pond sur les viandes pour qu'y pullulent les asticots, et véhicule tout un tas de bactéries, de virus et de champignons. Mais c'est toujours moins embêtant qu'une centrale qui explose.

SCOLIE

En mathématiques, le scolie est une remarque complémentaire venant préciser la portée d'un théorème, ou suggérer une voie alternative pour le démontrer.
Dans le domaine littéraire, la scolie est une note qui aide à l'interprétation d'un texte de l'Antiquité.
Aux matheux le masculin, aux khâgneux le féminin. On retrouve ici la même situation que pour le mot affixe, mais dans l'autre sens, et avec toujours aussi peu de fondement...

SECRÉTAIRE

Voilà précisément le type de mot qui a le don de mettre les féministes en rogne.
En théorie, secrétaire ne devrait même pas figurer dans

cet ouvrage, puisqu'il est strictement épicène : il peut s'appliquer aussi bien à une femme qu'à un homme, et changer de genre sans changer de sens ni d'orthographe. L'examen de la réalité montre qu'il en va autrement.

En 1986, dans *le Sexe des mots*, Marina Yaguello soulignait la dissymétrie qui s'était installée quant à l'usage de ce mot : « *Tant qu'il s'agit d'une fonction subalterne, le féminin est employé sans restriction ; mais dès qu'il s'agit d'une fonction de prestige (secrétaire général, secrétaire d'ambassade, secrétaire d'État, etc.) le mot ne s'emploie plus qu'au masculin :* "Mme Unetelle est premier secrétaire de l'ambassade."[...] *le mot s'est en quelque sorte "dévalué" au XXe siècle en désignant une profession essentiellement féminine.* »

Qu'en est-il un quart de siècle plus tard ?

Entre-temps les mouvements féministes n'ont pas ménagé leurs efforts. Leur vigilance et leurs actions ont payé en certains endroits. Dans le domaine politique, où l'on sait sentir le vent à défaut d'arriver à le faire souffler, on a bien pris garde de toujours dire « la première secrétaire du PS » pour parler de Martine Aubry, de la « secrétaire nationale du PCF » pour Marie-George Buffet. De même, Laurence Rossignol est bien « la secrétaire d'État chargée de la famille ».

La féminisation du mot secrétaire dans les fonctions de

prestige paraît donc acquise, au moins dans les intitulés officiels.

Et dans le monde du travail ?

Sur le site de l'Onisep, à la fiche « secrétaire », on peut lire : « *Toujours le sourire aux lèvres, le (ou la) secrétaire jongle avec le téléphone, la souris d'ordinateur et de nombreux dossiers. Qu'il (ou elle) exerce dans une PME, dans un service technique ou chez un avocat, on apprécie sa discrétion et ses initiatives.* » Le message est clair : secrétaire est un métier d'homme (ou de femme). La précaution oratoire est louable quoiqu'un peu insistante, tant on veut se mettre ici à l'abri de toute accusation de sexisme.

Dans les entreprises elles-mêmes, on parle de plus en plus souvent d'assistant ou d'assistante, ce qui permet de faire disparaître toute ambiguïté de genre. Cela dit, sur les sites internet d'offres d'emploi, on croise encore quelques employeurs, certes de plus en plus rares, qui se mettent en quête de secrétaires commerciales, polyvalentes ou administratives, sans trop imaginer qu'ils pourraient embaucher des secrétaires administratifs, polyvalents ou commerciaux... Outre le fait que ces annonces sont hors-la-loi (il est interdit de faire mention d'une préférence pour un sexe dans une offre d'emploi depuis... juillet 1983 !) elles révèlent qu'il y a encore un peu de travail avant que le mot secrétaire n'ait plus sa place dans notre ouvrage.

Par ailleurs : le secrétaire est un meuble de bureau au plateau amovible et équipé de tiroirs où l'on peut enfermer tous ses petits secrets. Et c'est aussi l'autre nom du serpentaire (voir ce mot), un rapace diurne d'Afrique. Cet oiseau n'a pas plus de secrets qu'un autre. Son surnom lui vient en fait de sa démarche guindée et de sa drôle de huppe. Elle le ferait ressembler à une de ces secrétaires du début du siècle dernier, qui mettaient leur porte-plume dans leurs chignons.

SELLE

En premier lieu, la selle a désigné le siège incurvé qu'on fixe sur le dos d'un cheval. De là, découlent tous les autres sens du mot : le petit siège triangulaire sur lequel s'assoit le cycliste, la croupe du mouton et les plats que l'on cuisine avec, l'escabeau à plateau tournant servant de support au sculpteur-modeleur. Dans un ordre d'idée un peu plus éloigné, on trouve l'expression « aller à la selle ». Ce n'est pas partir faire du cheval, mais déféquer. Et par extension, les selles sont le résultat de cette incontournable occupation.

Tous ces mots sont féminins. En revanche, on parlera d'un selle français pour désigner une certaine race de chevaux particulièrement performants dans les compétitions hippiques.

SERPENTAIRE

Nous l'avons vu plus haut : le serpentaire est l'autre nom du secrétaire, le rapace d'Afrique. Il se nourrit volontiers de reptiles, d'où son nom. Chez les astronomes, le serpentaire désigne aussi une constellation du zodiaque, la treizième, celle dont les astrologues n'ont pas voulu pour signe. Et pourtant, il existe ! Il existait même à part entière dans l'astrologie babylonienne. Mais tenir compte des véritables positions des astres pour déterminer les signes bouleverserait complètement l'horoscope : on naîtrait Vierge du 16 septembre au 30 octobre, le Scorpion ne durerait plus que sept jours. Un binz pas croyable. Elizabeth Teyssier n'y retrouverait plus ses petits. Ni son pognon.

Et la serpentaire ? C'est une large fleur pourpre qui pousse au printemps. Si son odeur de viande pourrie a de quoi incommoder, elle a l'avantage d'attirer les mouches, ce qui favorise sa pollinisation. Contrairement au serpentaire, la serpentaire ne se nourrit pas de serpents. En revanche ses racines en rappellent la forme, d'où son nom.

SERRE

Au féminin, les sens du mot serre dérivent tous du verbe serrer. Il y a d'abord la serre horticole, abri clos aux parois translucides où les plantes peuvent croître au chaud et à l'abri des intempéries tout en profitant des jours de soleil. C'est par référence à cette construction que les climatologues parlent d'effet de serre. À l'échelle planétaire c'est l'atmosphère qui joue le rôle de la serre. Et nous qui jouons le rôle des tomates.
Les serres sont aussi les griffes des rapaces, dans lesquelles ils enserrent leurs proies. Une serre désigne enfin le pressurage qu'on fait subir à une substance pour en extraire le jus, celui du raisin par exemple.

Le serre n'a rien à voir avec la serre. Dans le sud de la France, il s'agit d'une crête montagneuse allongée, située entre deux vallées parallèles. Le mot vient du latin *serra*, signifiant scie, qui a aussi donné l'espagnol *sierra*.

SOLDE

Deux fois par an, ce sont les soldes. Deux fois par an, le commerçant français prépare les banderoles qui annonceront l'événement. Deux fois par an, le commerçant français s'interroge : au fait, solde, c'est masculin ou féminin ?

La solde, c'est la paye du soldat. Le mot vient de l'italien, langue dans laquelle le sou se dit *soldo*.

Le solde, dans une comptabilité, c'est d'abord l'écart entre le débit et le crédit. Puis le mot a désigné la marchandise restée en surplus, et plus tard encore la période pendant laquelle les commerçants tentent de liquider leur stock d'articles saisonniers.

Comme il est histoire de sous dans les deux cas, on s'attendrait à ce que les deux soldes aient la même origine. Il n'en est rien. Le solde dérive bien aussi de l'italien, mais du verbe *saldare*, qui signifie clôturer un compte. Au XVIe siècle c'est le mot « salde » qui a d'abord désigné la somme qui restait à payer pour acquitter un compte. Puis, au cours du XVIIe, salde a subi l'influence de solde, au point de devenir solde à son tour, sans que son genre soit très établi. Au XIXe siècle, le masculin finit par l'emporter, afin de bien distinguer les soldes du comptable des soldes du bataillon. Pour une fois, la distinction est préférée à la confusion des genres.

Le solde et la solde : chacun a donc bien son genre depuis deux bons siècles. Pourtant la confusion demeure dans les esprits, et l'homme de la rue s'étonne toujours de voir aux devantures l'annonce de soldes intéressants, alors qu'il en espérait des intéressantes. Il faut avouer que tout y encourage : la finale en -e fait pencher pour le féminin ; les soldes commerciaux n'apparaissent bien souvent qu'au pluriel, ou dans l'expression « en solde », ce qui fait disparaître tout déterminant de genre. Par ailleurs les soldes ce sont des ventes, des bonnes affaires, autant de mots féminins. Bref tout pousse à l'erreur. À force de perdurer, elle finira peut-être un jour par ne plus en être une.

SOMME

Un somme est une courte période de sommeil effectuée d'une seule traite. Il suppose un véritable moment d'endormissement, ce qui le distingue de la sieste.

Pour faire un bon somme, il faut un bon lit, et autant que possible un bon sommier. Il est tentant de les rapprocher, mais les deux mots n'ont rien à voir : le somme vient du latin *somnus* (qui a aussi donné sommeil, somnolence, somnambule,...), alors que le robuste sommier dérive de *sagmarius*, qui signifie... bête de somme. Pas le somme, mais la somme, c'est-à-dire le bât, le fardeau.

Dans le sens de résultat d'une addition, ou de quantité d'argent, la somme admet encore une autre origine : *summa*, encore une fois un mot latin, signifiait total, ensemble.

SOURIS

La taille des animaux influe-t-elle sur le genre de leur nom ? Nos amis Damourette et Pichon, créateurs du concept de sexuisemblance, voudraient nous pousser à le croire. Certes il y a la souris plus petite que le rat, la grenouille plus petite que le crapaud, et la fourmi et le termite, et l'abeille et le bourdon, et la belette et le furet... Mais d'un autre côté, l'oie dépasse le canard, la corneille domine le corbeau, la mouche surpasse le moucheron, la cigale l'emporte sur le grillon et l'otarie n'a rien à envier au phoque, ni la chouette au hibou, ni la tourterelle au pigeon. Et de toute façon, il y a la baleine.

La souris est donc ce petit rongeur au fin museau qui peuple les interstices de nos habitations. Nous parlons là de la souris domestique, mais il en existe toute une flopée d'espèces réparties sur tous les continents : souris aux cheveux plats, souris kangourou, souris à queue en massue, souris-à-sauterelles boréale. Pour l'été, le modèle souris de plage, pour l'hiver la souris de montagne, et pour faire de beaux rêves, la souris du soir. Vautour, butor, chacal, chameau, cafard, vipère : c'est rarement par flatterie qu'on emploie un nom d'animal pour parler d'un humain. Les linguistes appellent ça un franchissement de frontière sémantique. Une souris c'est une jeune femme, éventuellement une petite amie. On n'est pas dans l'injure, pas vraiment dans l'éloge non plus.

La souris chicote ou couine. C'est son cri. Et désormais elle clique. La souris informatique, ce génial périphérique qui permet de pointer l'écran d'un ordinateur sans recourir au clavier, ressemble de moins en moins à son modèle animal. Les adeptes des ondes radio et autres liaisons infra-rouges lui ont coupé la queue. Jusqu'où se niche la cruauté humaine...

Et le souris, où se cache-t-il ? Il ne se cache pas, au contraire il s'affiche : le souris est un synonyme vieilli de sourire. Le terme n'a bien sûr rien à voir avec le nom de l'animal, mais on peut raisonnablement imaginer que la paronymie souris/sourire a contribué au capital sympathie du petit rongeur.

SPARTIATE

Le spartiate était un citoyen de Sparte, la ville grecque rivale d'Athènes. Il y menait une vie austère et martiale, du berceau au tombeau et jusqu'au bout de ses sandales, ses sobrissimes spartiates. La spartiate, faite de lanières de cuir entrecroisées, est aujourd'hui une chaussure d'été furieusement tendance. Comment a-t-elle bien pu passer de la Grèce antique aux plages de la Côte d'Azur ? Elle a en fait été réinventée dans les années 1930 par un certain Jacques Kéklikian, arménien d'origine et cordonnier de profession. Sa modeste échoppe tropézienne n'a pas tardé à voir débarquer de prestigieux clients : Cocteau, Picasso, Colette, et à leur suite toute la bonne société en villégiature sur la Côte. La mode était lancée. De nos jours, la boutique de Monsieur Kéklikian perdure et prospère encore. Elle s'est juste un peu agrandie.

STATUAIRE

La statuaire est l'art de sculpter les statues. Le statuaire est celui qui pratique cet art. Où l'on retrouve encore le féminin du côté du concept, de la discipline en général, et le masculin du côté de l'agent.

SYNOPSIS

Au XIXe siècle, la synopsis consistait en un tableau, un ouvrage qui permettait de saisir d'une seule vue les données d'une question, d'un sujet ou d'une œuvre. Synopsis existait aussi en anglais, où il était du genre neutre, en tant que chose inanimée. Dès les débuts de leur industrie, les professionnels du cinéma américain s'emparent du mot pour parler du bref exposé d'un projet de film, avec résumé du scénario et présentation des personnages. Puis, dans les années quarante, le terme doté de ce nouveau sens débarque en France dans ces mêmes milieux du cinéma, où on lui colle arbitrairement le genre masculin, dans l'ignorance sans doute que le mot existait déjà au féminin. Le synopsis s'impose donc, s'emploie couramment et éclipse l'existence de sa devancière la synopsis.

Nous l'avions déjà constaté pour gala : si les voyages forment la jeunesse, ils ont plutôt tendance à déformer le genre.

T

TATA

La tata c'est la tante dans le langage enfantin. Comme doudou (voir ce mot), c'est un mot hypocoristique, un terme affectueux, créé par redoublement de syllabe.

Dans des bouches beaucoup moins naïves, la tata allonge l'édifiante liste des injures féminines adressées aux hommes homosexuels. Tenter d'humilier autrui en lui déniant son sexe, sa virilité, en l'excluant du nombre des hommes : le procédé est fréquent. Comme si l'homophobe reprochait à l'homosexuel, non pas d'être différent de lui, mais bien plutôt d'être son semblable.

Au Canada, le tata est un signe de la main qu'on adresse en guise de bonjour. Mais c'est aussi un idiot. Décidément, les tatas sont à double genre, et à double tranchant.

TENEUR

Le suffixe *-eur* permet de former deux catégories de mots, chacune marquée par un genre. Les mots féminins désignent des sensations, des sentiments ou des impressions (chaleur, fraîcheur, moiteur, touffeur, lenteur, apesanteur) ou bien des propriétés physiques (grandeur, hauteur, largeur, pesanteur, ampleur, raideur). Les mots masculins désignent des agents, des choses ou des personnes qui font quelque chose, régulièrement ou occasionnellement. Là la liste est interminable, aussi bien pour les humains (acteur, chauffeur, déserteur, frimeur…) que pour les objets (planeur, décapsuleur, ralentisseur…).

Teneur est le seul mot de la langue française qui appartienne aux deux catégories en même temps. La teneur d'un livre, c'est son contenu, ce dont il traite. Alors que le teneur d'un livre (de comptes), c'est l'homme qui le tient, qui y inscrit ce qui doit l'être. Et si c'est une femme ? C'est une teneuse.

Il y a plusieurs façons de mettre au féminin les mots en *-eur*. Celle de teneur, donc, qui devient teneuse. Celle de lecteur, qui donne lectrice. Celle, plus rare, du prieur, qui devient prieure. Et enfin celle, encore plus rare et désuète, de chasseur qui donne parfois chasseresse, même si chasseuse est plus courant.

Et professeur ? Et successeur ? Et ingénieur ? La féminisation des noms d'agents, et en particulier des professions, est un des chevaux de bataille des mouvements féministes depuis les années 1980. Leur argument est simple : s'il n'existe pas de noms féminins à certaines professions c'est que, de fait, on dénie aux femmes la légitimité de les exercer. Pour encourager le changement social vers une plus grande égalité hommes/femmes, il est donc capital à leurs yeux de créer ces formes féminines et de s'efforcer de les utiliser. Leur combat, mené par Madame *le* ministre des Droits de la femme Yvette Roudy, n'aura pas manqué de rencontrer des adversaires, au premier rang desquels les gardiens du temple de l'Académie Française. L'impayable Jean Dutourd saute sur l'occase pour en sortir une bien bonne : pour lui, dire Madame la ministre, « c'est comme si on disait Monsieur la boulangère ». Sacré Jean, va. Le 11 mars 1986, le gouvernement de Laurent Fabius émet enfin la circulaire tant attendue sur la féminisation des noms de métier, fonction, grade ou titre, qui enjoint les représentants de l'État à parler dorénavant de Madame la ministre, madame la directrice, une huissière. Mais, on écrira encore une auteur, une professeur, une ingénieur. Pourquoi pas une auteure, une professeure, une ingénieure, comme le font les Québécois ? Pour ne pas choquer l'usage ni l'oreille, dit-on. En octobre 2014, l'Académie française a fait une mise au point sans équivoque à ce sujet, affirmant qu'elle « rejette un esprit de système qui tend à imposer, parfois contre le vœu des intéressées, des formes telles que professeure, recteure, sapeuse-pompière, auteure, ingénieure, procureure etc., pour ne rien dire de chercheure, qui sont contraires aux règles ordinaires de dérivation et constituent de véritables barbarismes. » Quai Conti, les papys (et mamies) font de la résistance…

TENNIS

La tennis, chaussure conçue pour pratiquer le tennis, a acquis son nom de la même façon que la basket (voir ce mot). Le terme a une étymologie amusante : au jeu de paume, les joueurs se devaient d'entamer chaque échange en annonçant « tenez ! ». Dans les bouches anglaises, le mot est devenu tennis.

TÊTE-DE-NEGRE

Parmi les innombrables morceaux de bravoure du *Grand Dictionnaire universel du xixe siècle* de Robert Larousse,

l'article « nègre » a de quoi faire froid dans le dos :
« ...*C'est en vain que quelques philanthropes ont essayé de prouver que l'espèce nègre est aussi intelligente que l'espèce blanche. Un fait incontestable et qui domine tous les autres, c'est qu'ils ont le cerveau plus rétréci, plus léger et moins volumineux que celui de l'espèce blanche. Mais cette supériorité intellectuelle [..] donne-t-elle aux blancs le droit de réduire en esclavage la race inférieure ? Non, mille fois non. Si les nègres se rapprochent de certaines espèces animales par leurs formes anatomiques, par leurs instincts grossiers, ils en diffèrent et se rapprochent des hommes blancs sous d'autres rapports dont nous devons tenir grand compte. Ils sont doués de la parole, et par la parole nous pouvons nouer avec eux des relations intellectuelles et morales, nous pouvons essayer de les élever jusqu'à nous, certains d'y réussir dans une certaine limite.* »

Larousse était pourtant un progressiste, animé de la foi que la science et le savoir guideraient l'humanité vers un monde meilleur. Seulement voilà : le racisme, non pas la simple haine de l'autre, mais la thèse établissant l'existence d'une hiérarchie entre les races humaines que surplomberait l'homme blanc, avait alors valeur de science, et bientôt de doctrine officielle pour les politiciens de la IIIe République. Ainsi Jules Ferry proclamait à la Chambre : «...il y a pour les races supérieures un droit, parce qu'il y a un devoir pour elles. Elles ont le devoir de civiliser les races inférieures ». C'était la France.

Aux temps pas si lointains de l'empire colonial français, le mot nègre s'employait donc couramment pour parler d'une personne à la peau noire. D'où diverses expressions qui n'ont pas totalement disparu aujourd'hui : travailler comme un nègre, parler petit-nègre, manger un nègre en chemise... d'où aussi le tête-de-nègre, couleur marron foncé, et la tête-de-nègre, qui peut désigner soit un bolet au chapeau bronzé, soit une pâtisserie, meringue sphérique enrobée de chocolat.

TOME

Un tome est une importante partie d'un ouvrage écrit. Il correspond généralement à un volume, mais pas nécessairement. En latin, *tomus* signifie morceau, partie séparée d'un tout. Il pouvait donc très bien désigner un morceau de fromage. Est-ce de là que vient la tome, le gros fromage circulaire qu'on produit dans les hautes montagnes françaises ? En fait on pense que non, mais les étymologistes n'ont aucune certitude sur l'origine du mot.

Précision : La tome peut aussi prendre deux *m*. Selon les

appellations officielles retenues par l'Union européenne, on écrit Tomme de Savoie ou Tomme des Pyrénées, mais Tome des Bauges (massif alpin entre Savoie et Haute-Savoie).

TONIQUE

Tonique est d'abord un adjectif. Il se réfère au tonus musculaire, qualifie ce qui est tendu, ce qui confère de l'énergie et fortifie l'organisme. Il a inspiré le tonique, médicament ou substance qui donne la pêche.
La tonique est par contre un terme musical. C'est la note tonique, celle qui indique le ton d'une gamme et constitue son premier degré. Les deux toniques viennent du même mot latin *tonus* emprunté au grec *tonikos*, qui veut dire tension. Celle du muscle pour le sens masculin, celle d'une corde de lyre pour le féminin.

TOPIQUE

Tonique et topique, même topo. Un adjectif en *-ique* inspire plusieurs noms communs répartis entre les deux genres.
Topos, en grec, veut dire lieu. D'où toponymie (étude

des noms de lieux) et autres guides topologiques (guides qui indiquent les caractéristiques d'un territoire et particulièrement ses reliefs).

Topique signifie donc propre à un lieu. Spécialement, un remède topique, ou un topique, désigne un médicament qui est censé agir là où on l'applique. Une crème, un cataplasme sont des topiques, pas les cachets d'aspirine. Ni les suppositoires.

Un topique, c'est aussi un lieu commun, un stéréotype.

Encore une fois, le mot féminin a un sens plus général et plus abstrait que le masculin. La topique, en rhétorique, c'est la théorie des lieux communs. Et en psychanalyse, une topique est une représentation spatiale, topologique, du psychisme humain. Quand on parle de ça, de moi, de surmoi, on établit une topique, une sorte de cartographie des différents lieux de notre esprit.

Autre topique possible : la répartition entre conscient et inconscient. Ces deux visions du psychisme, ces deux topiques, ont été imaginées par Freud et constituent des notions de base de la psychanalyse.

TORQUE

Chez les Celtes le torque était un collier formé de brins de métal torsadés. Seuls les plus valeureux guerriers portaient des torques d'or. S'emparer du torque d'un Gaulois constituait pour le combattant romain une prise particulièrement glorieuse. C'est pourquoi le torque est aussi devenu une décoration des troupes d'élite de la République romaine.

La torque a la même forme, mais un moindre prestige. Il s'agit d'un rouleau de fil torsadé utilisé dans l'industrie. C'est aussi le nom d'un pain provençal en forme de couronne.

Enfin chez les héraldistes, la torque désigne un bourrelet d'étoffe torsadée décorant un heaume.

TOUR

Avec point, part, espace, et quelques autres, le mot tour fait partie des couteaux suisses de la langue française. Il peut revêtir une multitude de sens, qui varie selon le domaine où on l'utilise, selon l'adjectif ou le complément de nom qu'on lui accole. En cela il s'apparente aussi à ces perceuses multifonctions dont il suffit de changer l'outil pour qu'elles deviennent ponceuse, visseuse, décolleuse de papier peint...

Il y a en fait trois mots tour, un féminin et deux masculins.

Tour de la Défense, tour de contrôle des aéroports, tour de refroidissement des centrales nucléaires, tour de lancement des fusées, tour de distillation des raffineries de pétrole : toute construction plus haute que large mérite qu'on l'appelle une tour. Le mot vient alors du latin *turris* qui désignait plus spécialement les hauts ouvrages de bois utilisés pour l'approche des camps assiégés.

À l'imitation de celui du potier, le tour est une machine qui fait entrer en rotation une pièce ou un matériau à façonner ou à usiner. Le mot vient aussi du latin, mais cette fois de *tornus*, qui désignait justement le tour du potier.

Et enfin il y a le troisième tour, déverbal de tourner, que l'on met à toutes les sauces pour exprimer une idée, même très lointaine, de circularité ou de cycle : tour de manivelle, tour de garde, tour de magie, tour de rein, tour d'honneur... pas facile d'en faire le tour.

Dans l'expression « aller faire un tour », il y a l'idée de partir d'un certain endroit et d'y revenir une fois le tour fini. En ce sens, le Tour de France cycliste n'est plus un tour depuis longtemps : la coutume de partir de Paris pour y revenir trois semaines plus tard a été définitivement abandonné en 1951.

TRAPPISTE

Un trappiste est un moine de l'ordre cistercien de la stricte observance. Ca fait envie, hein ?

Dans leur jeune âge, Jamel Debbouze, Omar Sy et Nicolas Anelka furent trappistes. Entendez par là qu'ils habitaient la ville de Trappes, dans les Yvelines. Rien à voir avec nos moines, qui avaient pour leur part élu domicile dans l'Orne, à l'abbaye de La Trappe, sur le territoire de la commune de Soligny-la-Trappe.

C'est pas qu'on s'ennuie dans les abbayes, mais chaque monastère a dû développer une activité rémunératrice pour subvenir à ses propres besoins. D'aucunes firent, voire font encore, des fromages, des baumes, des bougies, des miels. Au spirituel, beaucoup ont joint le spiritueux : bénédictine, chartreuse,... L'un des produits phares de nos trappistes, c'était la bière, la fameuse trappiste. Comme la Révolution a poussé de nombreuses communautés à s'installer à l'étranger, toutes les bières trappistes sont aujourd'hui brassées hors de France, notamment en Belgique (Chimay, Westmalle, Rochefort, Orval...) Mais, Dieu soit loué, depuis juin 2011, les moines de l'abbaye du Mont des Cats dans le Nord, s'ingénient à relancer la production d'une trappiste française. Bientôt, grâce à cette heureuse initiative, nous pourrons à nouveau lever nos chopes ambrées en lâchant de gazeux cocoricos.

TROCHEE

La poésie grecque ancienne avait surtout pour vocation d'être chantée. Le rythme de l'écriture y revêt donc une importance capitale, et le pied grec, contrairement au français où il correspond peu ou prou à la syllabe, est toujours identifié à un motif rythmique. Nous avions vu l'asclépiade, voici le trochée, formé d'une syllabe longue suivie d'une brève.
La trochée est aussi affaire de pieds. Il s'agit d'un bouquet de tiges qui repoussent sur une souche coupée. Les deux trochées viennent tous deux du latin, mais de mots bien différents et ne sont donc en rien cousins.

TROLLE

La trolle est un terme lié à la chasse à courre. Chasser à la trolle, c'est chasser au hasard, en espérant tomber sur un cerf. Et si on revient bredouille, on pourra toujours rapporter un bouquet de jolis trolles. Il s'agit de fleurs jaunes, ressemblant à de gros boutons d'or. Les deux mots sont étrangers l'un à l'autre.

TROUBLE

Il est amusant que le mot trouble apparaisse dans un livre sur le genre. L'essai *Trouble dans le genre* de la philosophe américaine Judith Butler est en effet l'un des ouvrages fondateurs des *gender studies*. Ce domaine des sciences humaines apparu dans les années 1970 se propose d'étudier le lien entre le sexe physiologique, donnée naturelle, et le genre vu comme construction sociale.

Au masculin, le mot trouble désigne une substance impalpable, un nuage qui nuit à la transparence d'un liquide, et par extension un sentiment qui altère la clarté d'un esprit, d'un raisonnement, d'une intention. Mais le trouble peut aussi être un état émotif confus, qui fait perdre calme et lucidité. On emploie également le terme pour évoquer une agitation sociale ou des heurts violents. Quel trouble Judith Butler voulait-elle semer ? Peut-être un peu de chaque...

La trouble n'a rien à voir avec tout cela. C'est un filet

de pêche en forme de poche qui s'apparente à une grosse épuisette. C'est aussi un synonyme vieilli de filet à papillon.

TURQUOISE

À nouveau une couleur au masculin (un bleu clair tirant sur le vert) et une chose de cette couleur au féminin, à savoir une pierre fine opaque bleu clair. Le premier doit son nom à la deuxième, qui elle-même doit le sien à l'adjectif de l'ancien français *turcois*, signifiant turc.

V

VAGUE

Une vague est d'abord une ondulation à la surface de l'eau. De là dérivent tous les autres sens du mot. C'est le caractère massif et irrésistible du phénomène qui inspire les féminins : une vague de chaleur, une vague de sauterelles, une vague de violence, la Nouvelle Vague de Godard et sa bande. C'est l'incertitude de sa forme qui se retrouve dans les masculins : le vague où regarde le rêveur, le vague où reste l'indécis, le vague à l'âme qui s'empare du mélancolique.

Pour une fois, le français classe la puissance du côté du féminin, la faiblesse du côté du masculin.

VASE

La vase est un dépôt qui se forme au fond d'une eau boueuse.

Un vase est un récipient fait pour contenir des liquides. Chez soi, on y met des fleurs. Au labo, les chimistes y font leurs expériences. On parlera volontiers de vase pour toutes sortes de récipients précieux ou à valeur historique. Clovis n'aurait quand même pas fracassé la tête d'un de ses soldats pour un vulgaire cruchon. Le vase a aussi inspiré les botanistes qui s'en servent pour parler du calice de fleurs comme la tulipe.

Comment ces deux vases communiquent-ils ? Deux vases, deux histoires d'eau. On pourrait les croire cousins. Ils nous sont pourtant parvenus par des chemins totalement différents. Le vase vient du latin *vas*, qui a le même sens, tandis que la vase est la francisation du néerlandais *wase*, qui signifie boue, limon.

Pourquoi l'un est masculin, l'autre féminin ? Au fil des articles de ce dictionnaire, on pourrait glaner des arguments qui font pencher la balance d'un côté comme de l'autre : certes le vase vient d'un mot latin de genre neutre, et presque tous les neutres latins sont devenus masculins en français. Mais il exprime une idée de contenant (comme amphore, bouteille, jarre) et possède un *-e* muet final, deux caractéristiques qui auraient pu le tirer vers le féminin. De l'autre côté, la vase fait partie des matières meubles, ce qui peut la rapprocher du féminin (voir plastique), mais son étymon est lui aussi neutre dans sa langue d'origine. Bref toutes les configurations étaient possibles et il n'y aurait pas grand sens à vouloir justifier après coup celle qui s'est imposée. Le linguiste Meillet écrivait en 1921 : « *Le genre grammatical est l'une des catégories linguistiques les moins logiques et les plus inattendues.* » Le mot vase nous offre une énième occasion de le vérifier.

VICTORIA

Le long règne de la reine Victoria d'Angleterre marqua tant l'histoire du monde qu'il reste encore traces de son prénom dans notre langue française. La victoria, calèche découverte tirée par quatre chevaux, fut nommée en son honneur. De même, en 1846, quand le botaniste John Lindley cherche une appellation pour une plante aquatique aux feuilles en forme de moule à tarte récemment découverte en Amérique du Sud, il pense en premier lieu à sa *Queen* tant aimée, et la baptise le victoria.
Napoléon et Victoria sont ainsi les deux seuls personnages historiques à avoir laissé leur nom à la fois à un mot féminin et à un mot masculin de notre langue. Si vous ambitionnez le même sort, une seule solution : créez un empire.

VIGILE

Encore un nom de métier a priori épicène, mais qu'on imagine mal au féminin. Dès le règne de l'empereur romain Auguste, le vigile est un garde de nuit, tout particulièrement chargé de lancer l'alarme en cas d'incendie. Aujourd'hui le terme s'emploie toujours pour les veilleurs de nuit, mais aussi pour les agents de surveillance diurne de bâtiments publics ou commerciaux.

Par métonymie, on a aussi pu parler de la vigile pour désigner l'action de veiller la nuit, mais le terme est aujourd'hui tombé en désuétude. En revanche les catholiques disent toujours la vigile pour évoquer le jour qui précède une grande fête religieuse, et l'office célébré à cette occasion.

Les deux mots ont la même origine latine, l'adjectif *vigil* signifiant attentif, éveillé.

VOILE

Le voile, la voile : d'un côté le symbole de la claustration, de l'autre l'invitation au voyage. Prendre le voile/lever les voiles : tout semble opposer les vies de la religieuse et du marin. Pourtant le couvent et le navire constituent chacun à leur manière ce que Michel Foucault appelait des hétérotopies, des lieux autres, à l'écart de la société dominante et où s'instaure une nouvelle donne sociale, où chacun est appelé à être un autre lui-même. Prendre le voile/lever les voiles, c'est quitter les pesanteurs et les turpitudes du monde séculier pour rejoindre un lieu clos aux règles claires et immuables, une petite société plus lisible et plus rassurante que la grande.

Le couvent et le navire avaient un autre point commun d'importance : la rigoureuse séparation des sexes qu'ils impliquaient. Pas d'homme dans les couvents, moins pour protéger les femmes que pour éviter aux hommes la fréquentation de ces êtres de perdition ; pas de femme sur les bateaux, elles portaient malheur et semaient la zizanie.

Le voile, qu'il soit catholique ou musulman, est par excellence le marqueur de la séparation des mondes féminin et masculin. À sa façon, la voile l'était donc aussi.

Au-delà du tissu léger qui sert à cacher, et éventuellement à bien montrer ce qu'on veut cacher, au-delà aussi des emplois métaphoriques qui en découlent (par exemple, « lever un coin du voile » signifie révéler une part de vérité), le voile admet bien d'autres significations : il peut désigner un défaut de

planéité, d'une roue de vélo par exemple. Un voile de béton, c'est soit un mur vertical, soit une structure autoporteuse de faible épaisseur qui recouvre un édifice, comme le fameux CNIT de la Défense. Il y aussi le voile du palais, la membrane musculaire au-dessus de la langue, et le voile rouge, noir ou gris selon le cas, qui affecte la vision des pilotes de chasse lorsqu'ils subissent une trop forte accélération.
Le voile et la voile viennent tous deux du latin *velum*, mot neutre qui cumulait les sens de nos deux voiles.

VULNERAIRE

L'adjectif vulnéraire signifie «qui peut soigner les blessures». Il a inspiré deux noms communs : le vulnéraire, un médicament aux propriétés vulnéraires. Et la vulnéraire, une plante à fleurs jaunes à laquelle les anciens prêtaient les mêmes vertus.

X

X

Le X c'est le porno. L'appellation vient de l'ancienne classification américaine des films de cinéma. Un film « X-rated » était rigoureusement interdit aux mineurs, pour sa pornographie ou pour sa violence extrême, pour l'atteinte à la dignité humaine qu'il constitue.
Le sigle est explicite : ce film-là, faites une croix dessus.
L'X, au féminin, c'est l'École polytechnique. Le surnom viendrait des deux canons croisés représentés sur l'insigne de l'école. Autre hypothèse : X évoque l'inconnue en mathématiques, principale matière de l'enseignement dispensé.

LES MOTS QUE NOUS N'AVONS PAS RETENUS

Il a bien fallu faire un choix, il est grand temps de le justifier.

Nous avons sélectionné les mots de cet ouvrage en recoupant les données, parfois contradictoires, de cinq dictionnaires :
- Le *Petit Larousse Illustré*
- Le *Petit Robert des Noms Communs*
- Le *Littré* (dans sa version électronique)
- Le si bien nommé *Trésor de la Langue Française* en version informatisée disponible sur le site du CNRTL
- Le *Dictionnaire de l'Académie Française*, via le même site.

Principe de base : nous n'avons retenu que les couples de *noms communs* qui sont strictement *homographes* (ils s'écrivent de la même façon) et *homophones* (ils se prononcent de la même façon) et ayant *un sens différent selon le genre*.

En conséquence :
- pas de doubles-genres au sens strict, à savoir les mots qui peuvent être indifféremment masculins ou féminins en gardant le même sens (après-midi, alvéole,...)
- pas de nom propre de personnes (Poubelle, Silhouette...)
- pas de nom de lieux (Canada, Saxe, Suisse...)
- pas de marques (Polo, MacIntosh...)
- pas de prénom (Serge, Pierre, Isabelle, Virginie...)
- pas d'homophones non homographes (mâle et malle, père et paire...) fût-ce pour une histoire d'accent (gène et gêne, foret et forêt, icone et icône...)
- pas d'homographes non homophones (la salve qui sort de la mitraillette et le salve qui sort de sous la mitre, le pub où on boit et la pub qui soûle...)

Par ailleurs nous avons évité les termes trop scientifiques (cétose, chlorite...), les abréviations (self, micro, transat...), et limité les métonymies et les adjectifs substantivés au cas les plus intéressants à notre sens.

Également exclus :
- putain et vache, même si on dit un putain de camion et un vache de problème. Le mot relève

alors plus de l'interjection que du nom commun ;
- papa, manque, con, diable, qu'on rencontre dans les expressions à la papa, à la manque, à la con, à la diable. Le changement apparent de genre n'entraîne de fait aucun changement notable de sens. À noter au passage une curiosité : « à la manière d'un hussard », se dit « à la hussarde », mais « à la manière de papa » ne se dit pas « à la maman »...

Après tous ces élagages et arbitrages, il nous en restait encore 198. C'était bien assez, non ?

BIBLIOGRAPHIE

Les dictionnaires dont nous avons tiré toutes nos couples (voir pages précédentes) nous ont aussi servi de référence pour les définitions et les étymologies.

Si chaque terme nous a amené à consulter une documentation spécifique, d'autres sources nous ont été d'un grand secours de façon plus transversale :
- *le Sexe des mots* et *les Mots et les femmes* de Marina Yaguello (tous deux édités au Seuil)
- *Figures de l'héraldique* de Michel Pastoureau (Découvertes Gallimard)
- *Mille ans de langue française* d'Alain Rey, Frédéric Duval et Gilles Siouffi (Éditions Perrin)
- *Pour une grammaire non sexiste* de Céline Labrosse (Editions Du Remue-ménage)
- *les Origines du genre grammatical* de Patrizia Violi (dans la revue Langage n° 85 – 1987)
- *le Dictionnaire étymologique de la langue française* d'Oscar Bloch et Walter von Wartburg

(Puf)
- le site internet du Centre International d'Etudes Pédagogiques, notamment pour le dossier intitulé *la Féminisation des noms en dix questions*
- les différentes éditions du *Dictionnaire de l'Académie Française.*

Auxquels s'ajoute cette extraordinaire gare de triage du savoir universel qu'est Wikipedia.

LEXIQUE

Nous avons limité autant que possible l'emploi de termes spécifiques de grammaire ou de linguistique. Les quelques-uns ci-dessous nous ont paru incontournables.

Une ANTONOMASE est un nom commun qui vient d'un nom de personne, réelle ou imaginaire. Voir Guyot, Napoléon, Victoria, Adonis...

On parle par ANTIPHRASE quand on dit délibérément le contraire de ce qu'on veut signifier. Par exemple, face à une situation scabreuse, on s'exclamera « C'est du propre ! »

Une APHÉRÈSE est la disparition du début d'un mot. Voir Clope, formé à partir de (cy)clope.

Une APOCOPE c'est le contraire, c'est la fin du mot qui a disparu. Voir entre autres le Rade, qui vient de radeau.

Un DÉVERBAL est un nom commun qui dérive directement d'un verbe. Voir Claque, Casse...

Une ELLIPSE, c'est la suppression d'un mot ou d'un groupe de mots dont on peut se passer sans altérer la compréhension. Elles sont très nombreuses ici. Voir par exemple Basket, Mi-temps...

Un ÉPICÈNE est un mot qui garde la même forme au masculin et au féminin. Voir Basque, Créole...

L'ÉTYMON d'un mot est le mot ou la forme dont il dérive. Par exemple le latin *vas* est l'étymon de vase au masculin, alors que le féminin a pour étymon le néerlandais *wase*.

Un terme est HYPOCORISTIQUE quand il exprime une intention affectueuse. Voir doudou, tata...

Une MÉTONYMIE consiste à faire passer le tout pour la partie, ou l'inverse, ou bien le contenant pour le contenu, ou l'inverse. Par exemple boire un verre est une métonymie puisque c'est en fait le contenu du verre que l'on boit.

La RÉDUCTION est le phénomène par lequel la

prononciation d'un mot évolue avec le temps, en général dans le sens du moindre effort. Par exemple le latin *opera* a donné œuvre par suite d'une réduction assez drastique.

La SEXUISEMBLANCE est une invention des linguistes Damourette et Pichon. C'est la tendance à vouloir attribuer aux mots un genre qui correspond à leur sens ou à ce qu'ils évoquent. Ils arguent notamment que les machines, qui sont passives et n'agissent que par l'action de quelqu'un qui pense à leur place, ne pouvaient avoir que des noms féminins. C'est leur point de vue.

Une SUBSTANTIVATION est la transformation d'un adjectif en nom commun. Nombreux exemples ici, dont Automatique, Topique...

On procède à une SUBSTITUTION quand par jeu, on remplace dans un mot une syllabe par une autre. Par exemple, cigarette qui devient cyclope (avant de devenir clope par aphérèse).

La SYNECDOQUE est un cas de métonymie. Elle consiste à prendre la partie pour le tout ou l'inverse. Voir Hollande.

TABLE DES MATIERES

Page 2   : Présentation
Page 3   : D'Abondance à X
Page 133 : Les mots que nous n'avons pas retenus
Page 135 : Bibliographie
Page 136 : Lexique

La correction et la vérification des informations de cet ouvrage ont été assurées par Jérôme Table. Qu'il en soit ici remercié.

Que soient remerciés aussi Didier Le Nagard, avec qui naquit l'idée de cet étrange recensement, Annie Pauleau pour ses relectures et son soutien enthouisiaste, et Thomas Seminel qui aura gentiment facilité notre labeur.